Mosaik
bei GOLDMANN

Buch

Auf der Grundlage der wissenschaftlich fundierten Stoffwechsel- oder »Lebensenergietheorie« haben die Autoren ein revolutionäres Programm entwickelt, mit dem jeder wertvolle Lebensenergie sparen und die Messwerte für seine Gesundheit, wie zum Beispiel den Blutdruck oder die Blutfettwerte, verbessern kann. Dieses Programm hilft Ihnen, langsamer zu altern und weniger anfällig für Krankheiten zu werden und das Leben in Ruhe zu geniessen.

Autoren

Prof. Dr. Peter Axt ist Gesundheitswissenschaftler, Autor, Berater von Führungskräften und Sportlern sowie ehemaliges Mitglied der Nationalmannschaft des Deutschen Leichtathletik Verbandes.
Dr. Michaela Axt-Gadermann ist Ärztin, Medizinjournalistin, Autorin und ehemalige Vize-Hessenmeisterin über 10 000 Meter.

PROF. DR. PETER AXT
DR. MICHAELA AXT-GADERMANN

Vom Glück der Faulheit

So teilen Sie Ihre
Lebensenergie richtig ein

Langsame leben länger

bei GOLDMANN

Umwelthinweis:
Alle bedruckten Materialien dieses Taschenbuches
sind chlorfrei und umweltschonend.

Vollständige Taschenbuchausgabe September 2002
Wilhelm Goldmann Verlag, München,
ein Unternehmen der Verlagsgruppe
Random House GmbH
© 2001 F. A. Herbig
Verlagsbuchhandlung GmbH, München
Vom Glück der Faulheit
Umschlaggestaltung: Design Team München
unter Verwendung folgender Fotos:
Ifa-Bilderteam/BCI
Druck: GGP Media, Pößneck
Verlagsnummer: 16445
Kö · Herstellung: Max Widmaier
Printed in Germany
ISBN 3-442-16445-9
www.goldmann-verlag.de

1 3 5 7 9 10 8 6 4 2

Inhalt

Einleitung 11

Was wir Ihnen zu diesem Buch noch sagen
möchten 13

**1. Kapitel:
Die Maus hat so viel Lebensenergie wie
der Elefant** 17

Nicht jeder ist so alt, wie er aussieht 17
So altern Sie, wenn Sie Ihr Leben nicht ändern 19
Sie müssen »nichts tun«, um gesund und fit
  zu bleiben 21
Energiesparende Fruchtfliegen leben länger 24
... und den Frauen geht's ähnlich 25
Die Maus hat genauso viel Lebensenergie wie der
  Elefant 25
Im Zoo lebt es sich besonders gut 26
Leben nach dem Formel-1-Prinzip – maximale Power
  bei kurzer Lebensdauer 28
Überall, wo was geschah, war er tätig, war er da ... 29
Die Gelassenheit neu entdecken 31
Testen Sie selbst, wie viel Energie Sie vergeuden 32
Hüten Sie sich vor Energieräubern 35

Inhalt

Nehmen Sie uns beim Wort – hier sind die
  anzustrebenden Messwerte für Ihre Gesundheit 37
Ihre Langlebigkeitsmarker 38
Das Wichtigste in Kürze 45

2. Kapitel:
Energiesparen durch »Nichtstun« 49

Der erste Marathonläufer bezahlte mit seinem Leben 49
Fahrkartenkontrolleure leben länger als Busfahrer 50
Lohnt sich für Sie der Fitnessaufwand? 51
Bewegungsmuffel sind Energiesparer 52
Ältere Sportler leben unter Dauerstress 52
Risikofaktor Sport 55
Sport – auf die Menge kommt es an 57
Leistungsorientierter Sport – der K.-o.-Schlag für die
  Abwehrkräfte? 59
Minimale Bewegung für optimale Gesundheit 60
Unser Minimalprogramm für Fitness und ein langes
  Leben 61
Das Wichtigste in Kürze 67

3. Kapitel:
Esse wenig – lebe länger 71

Wer schnell zunimmt, lebt länger 71
Essen kostet Energie 72
Weniger essen – länger leben 73
In der Biosphäre 2 war »Schmalhans« Küchenmeister 76
Weniger Brennstoff für den Ofen 78
Macht weniger Essen schlau? 79

Inhalt

So verzögert Fasten das Altern und verlängert das
   Leben 79
Stoffwechsel – aufs Fasten eingestellt 80
Schützt Fasten vor Krebs? 82
So wenig Kalorien sind genug 83
Wenn Sie wenig essen, muss die Mischung stimmen 84
Das richtige Verhältnis der Grundnährstoffe 85
Das 3 : 1-Prinzip bei Kohlenhydraten und Eiweiß 86
Halb roh – halb gekocht = gut versorgt 87
Langsame Kohlenhydrate wirken länger 88
So bekommen Sie Ihr Fett weg 89
Vitalstoffe ergänzen 90
Fünf Mahlzeiten täglich lassen Sie schneller altern 92
Lerchen frühstücken, Eulen essen abends 94
Breakfast-Cancelling 95
Dinner-Cancelling 95
Ein Fastentag pro Woche – kein Problem 96
Fasten kann fast jeder 97
Fasten – Runderneuerung für den Körper 99
Noch ein paar Worte zu Genussmitteln 102
Das Wichtigste in Kürze 103

4. Kapitel:
Faulheit und Müßiggang sind der Gesundheit Anfang 107

Anspannung kostet Energie 107
Stress – lebensrettend für Urmenschen, schädlich für
   Zivilisationsmenschen 108
Im Stress stellen Sie sich selbst ein Bein 109
Gelassenheit und Faulheit – das körpereigene
   Ausgleichsprogramm 110

Inhalt

Entspannt werden Sie klüger 112
In den Ferien heilen Wunden besser 113
Fröhliche Mütter – gesunde Kinder 114
Zufriedenheit hält die Gefäße offen 114
Wie hoch ist Ihr Stresslevel? 115
Acht Anzeichen, die Sie warnen: Achtung, Sie stehen
  unter Stress! 118
Lachen – Stressfighter Nummer eins 122
Stress beseitigen, Ruhe und Gelassenheit gewinnen 123
Stressbedingte Versorgungslücken verhindern 128
Nutzen Sie Entspannungs-Inseln zum
  Energiesparen 129
Das Wichtigste in Kürze 138

**5. Kapitel:
Langschläfer haben mehr vom Leben** 141

Langschläfer schalten auf Sparflamme 141
Winterschlaf hält Tiere frisch 142
Schlafmangel macht alt, dumm, krank und dick 143
Entspannt nach 7.20 Uhr 144
Im Schlaf jünger werden 145
Schlaf beeinflusst Körpertemperatur und
  Stoffwechsel 146
Produzieren Sie Ihre Verjüngungshormone selbst 147
Der richtige Rahmen für einen erholsamen Schlaf 148
Das Wichtigste in Kürze 157

Inhalt

6. Kapitel:
Lebenselixiere Sonne und Wärme 161

Warum Wärme Energie spart 161
Vorsicht, der Mensch ist kein Kaltblüter 162
Im Winter befindet sich unser Hormonsystem
 im Stress 163
Blutdruck senken mit Wärme 164
Sonne sorgt für Wohlbefinden 164
So sparen Sie Lebensenergie durch Wärme 165
Das Wichtigste in Kürze 167

Anhang 169

Anhang 1: Unsere Empfehlungen für die peripatetische
 Meditation und den Brisk-Walk 171
Anhang 2: Richtgewicht für Erwachsene 173
Anhang 3: Buttermilchfasten nach Dr. Viertel 175
Anhang 4: Fettriesen und Fettzwerge 177
Anhang 5: Nahrungstabellen 179
Anhang 6: Unsere Vitaminempfehlungen für
 besondere Situationen 181
Anhang 7: Unser Entspannungsprogramm für alle, die
 sich etwas mehr Zeit nehmen möchten 183
Literatur 187
Register 190

Einleitung

> »Gesundheit ist ein Geschenk,
> das man sich selber machen muss.«
>
> Bodo Werner

Glauben Sie, dass Sie ein intensives Fitnesstraining betreiben müssen, um länger zu leben?
Sind Sie der Meinung, dass frühes Aufstehen ein Zeichen von Dynamik und Vitalität ist?
Vertreten Sie die Ansicht, dass beruflicher Erfolg ohne einen zehnstündigen Arbeitstag nicht möglich ist?
Denken Sie immer noch, dass es gesund ist, in einem kalten Schlafzimmer zu übernachten?
Meinen Sie, dass es gesund ist, fünf kleine Mahlzeiten täglich zu sich zu nehmen?
Vergessen Sie es! Neueste wissenschaftliche Erkenntnisse weisen darauf hin, dass wir in Zukunft völlig umdenken müssen, wenn wir gesund, erfolgreich und dauerhaft leistungsfähig werden wollen.
Auch bei den Recherchen zu unserem Buch »Bleib doch einfach jung« sind wir auf Fakten gestoßen, die zahlreiche Theorien über Erfolg, Leistungsfähigkeit und Gesundheit in Frage stellen. Übertriebener sportlicher Ehrgeiz, die kalte Dusche am Morgen oder frühes Aufstehen scheinen für ein langes und gesundes Leben sogar eher nachteilig zu sein. So haben wir immer wieder hochbetagte, aber sehr rüstige und aktive Menschen kennen gelernt, die den her-

Einleitung

kömmlichen Vorstellungen über gesundheits- und fitnessgerechtes Verhalten nicht entsprachen. Zunächst dachten wir, dass die Erbanlagen dieser Menschen für die Gesundheits- und Fitnessvorteile verantwortlich seien. Das war nicht der Fall. In dieser Gruppe gab es nicht mehr langlebige Eltern als in der Gruppe der fitness- und gesundheitsbewussten Zeitgenossen. Doch die Langlebigen hatten gegenüber anderen Menschen entscheidende Vorteile: Sie waren in allen Situationen gelassen, sie genossen das Leben, trieben Sport – wenn überhaupt – nur in Maßen, aßen wenig und vergeudeten ihre kostbare Lebensenergie nicht unnötig. Übertriebener Ehrgeiz war ihnen fremd. Diese Lebenseinstellung scheint das Geheimnis von Vitalität und Gesundheit zu sein.

Anhand unserer Rechercheergebnisse und aktueller wissenschaftlicher Erkenntnisse haben wir ein Programm entwickelt, mit dem Sie auf angenehme Weise Gesundheit und Wohlbefinden erreichen und gute Chancen haben, länger jung zu bleiben.

Das wunderbare und erstaunliche an diesem Programm ist: Sie können endlich mal mit gutem Gewissen das machen, was Sie sich bisher nie getraut haben: Ausruhen und auch mal nichts tun! Erstmals werden Ihnen wissenschaftlich begründete Argumente geliefert, warum es gut ist, öfters mal faul zu sein, warum zu viel Sport krank macht, warum Langschläfer länger leben, wie Sie durch Entspannung und Gelassenheit intelligenter und gesünder werden oder warum ein Winterurlaub im Süden durchaus lebensverlängernd wirken kann.

Peter Axt
Michaela Axt-Gadermann

Was wir Ihnen zu diesem Buch noch sagen möchten

1. In unserem Buch finden Sie wertvolle Tipps für ein langes, vitales und gesundes Leben. Grundlage unserer Vorschläge ist die von Rubner im Jahre 1908 erstmals vorgestellte Stoffwechseltheorie (Lebensenergietheorie). Die in diesem Buch zur Verlängerung der Lebenszeit gemachten Vorschläge bauen auf dieser Theorie auf. Zum Verständnis unserer Empfehlungen ist die Lektüre des ersten Kapitels deshalb unabdingbare Voraussetzung. Die folgenden Kapitel sind in sich abgeschlossen. Sie können das Buch entweder in der von uns vorgestellten Reihenfolge lesen oder sich zunächst ein Kapitel, das für Sie von besonderem Interesse ist, heraussuchen.

2. Wahrscheinlich werden Sie nicht alle unsere Empfehlungen sofort in die Praxis umsetzen können oder wollen. Das ist auch nicht notwendig. Wir empfehlen: Wählen Sie aus unseren Vorschlägen einige aus, die Sie leicht in Ihren Alltag integrieren können. Jede umgesetzte Empfehlung spart wertvolle Lebensenergie und ist ein Mosaikstein für ein längeres und gesünderes Leben.

3. Weitere Informationen zum Thema »Jung bleiben und länger leben« finden Sie auch im Internet unter *www.bleibjung.de.*

1. Kapitel

In diesem Kapitel erfahren Sie,

• warum wir »nichts tun« müssen, um fit und gesund zu bleiben

• warum Tiere im Zoo besonders alt werden

• wie viel Energie jeder Mensch auf seinem Lebenszeitkonto hat

• warum wir nicht nach dem Formel-1-Prinzip leben sollten

• auf welche Langlebigkeitsmarker Sie achten müssen

Die Maus hat so viel Lebensenergie wie der Elefant

> *»Es gibt nichts, was die Menschen lieber erhalten möchten und weniger pflegen, als ihre Gesundheit.«*
>
> Jean de La Bruyère (1645–1695)

Nicht jeder ist so alt, wie er aussieht

Als kürzlich eine Patientin in meine (Dr. Michaela Axt-Gadermann) hautfachärztliche Sprechstunde kam, um sich vor ihrer Reise auf die Philippinen noch bezüglich eines Hautproblems beraten zu lassen, dachte ich zunächst, die Sprechstundenhilfe hätte mir die falsche Patientenkarte ausgehändigt. Ich schätzte die Patientin auf etwa 65 Jahre, nach den Angaben auf der Karte befand sie sich aber schon im 84. Lebensjahr. Da ich mich stets für »Geheimrezepte« zum Jungbleiben interessiere, fragte ich sie natürlich auch nach den Gründen für ihr jugendliches Aussehen und ihre offensichtliche Vitalität und Gesundheit. »So genau weiß ich das natürlich nicht«, antwortete sie, »aber seit meiner Hochzeit mit 31 Jahren haben mein Mann und ich einen Tag pro Woche gefastet. Außerdem habe ich immer versucht, in allen Situationen Ruhe und Gelassenheit zu bewahren.« Sport habe sie nie getrieben. »Ganz im Gegenteil, eigentlich bin ich eher faul und schlafe gerne lange.« Irgendwie gar nicht spektakulär, die-

Die Maus hat so viel Lebensenergie wie der Elefant

ses »Geheimrezept«, dachten wir zunächst. »Sensationell« glauben wir inzwischen.

Wahrscheinlich mussten auch Sie schon mehrmals in Ihrem Leben feststellen, dass Sie mit der Schätzung des Alters von Menschen vollkommen falsch lagen. Wenn Sie sich dabei um ein Jahr oder zwei Jahre irren, wird dies im Allgemeinen von Ihren Mitmenschen akzeptiert. Ihre Fehlleistung liegt noch im Toleranzbereich. Peinlich wird es allerdings, wenn Sie eine Person zehn oder noch mehr Jahre älter einstufen. Sie entschuldigen sich dann häufig damit, dass Sie das Alter von Menschen schlecht einschätzen können und Ihre Fehlleistung auf diese Unfähigkeit zurückzuführen ist. Wahrscheinlicher ist aber, dass Sie überhaupt keinen Fehler gemacht und das Alter auf Grund des Erscheinungsbildes und des Verhaltens des Beurteilten korrekt festgestellt haben. Wir alle haben nämlich im Laufe unseres Lebens von zahlreichen Menschen die Erscheinungsbilder und die dazugehörenden Altersdaten in unserem Gehirn gespeichert. Begegnen wir nun einem Menschen, so rechnet unser Gehirn – ähnlich einem Computer – im Bruchteil einer Sekunde den Mittelwert aus den gespeicherten Daten aus und vergleicht diesen Wert mit dem Erscheinungsbild des Gegenüber. Die Altersbeurteilung von Menschen beruht auf diesen Erfahrungsdaten und kann vom Geburtsalter deutlich abweichen. Das Aussehen eines Menschen gibt uns aber häufig wichtige Hinweise über das biologische Alter der Person. Wer von seinen Mitmenschen jünger geschätzt wird als er nach seiner Geburtsurkunde tatsächlich ist, der ist meist auch leistungsfähiger und biologisch jünger als seine gleichaltrigen Mitmenschen. Die Geschwindigkeit des Alterns ist zum Glück kein unabänderliches Schicksal. Das

Tempo der Alternsvorgänge lässt sich durchaus beeinflussen. Sie haben es mit unserem Programm in der Hand, ihre biologische Uhr etwas langsamer laufen zu lassen und so länger jung zu bleiben. Wenn Sie aber so wie die meisten Ihrer Mitmenschen weiterleben, dann werden Sie auch so altern.

So altern Sie, wenn Sie Ihr Leben nicht ändern

Um 25 Jahre:
Die Reaktionsfähigkeit Ihrer Muskeln nimmt bereits unmerklich ab.

Um 30 Jahre:
Die ersten Hautfältchen werden im Bereich der Augen sichtbar. Ihre Knochen haben jetzt die maximale Festigkeit erreicht, von nun an nimmt die Knochendichte ab. Männer bemerken, dass die Haare allmählich dünner werden.

Um 35 Jahre:
Sie hören schon etwas schlechter, merken es aber oft noch nicht, weil zunächst die Hörfähigkeit für hohe Töne nachlässt.

Um 40 Jahre:
Die Herzleistung lässt ab dem 40. Lebensjahr nach. Bei Männern nimmt der Spiegel des Geschlechtshormons Testosteron von jetzt ab jährlich um etwa ein Prozent ab. Das Lesen der Tageszeitung fällt zunehmend schwerer. Sie müssen die Zeitung immer weiter von sich halten, um

die Buchstaben klar zu erkennen – das sind die ersten Anzeichen einer beginnenden Altersweitsichtigkeit. Möglicherweise benötigen sie bereits eine Lesebrille.

Um 45 Jahre:
Wenn Sie eine Frau sind, kommen Sie wahrscheinlich jetzt in die Wechseljahre. Ihr Körper produziert weniger Geschlechtshormone. Die Knochendichte nimmt nun rasch ab.
Wenn Sie ein Mann sind, dann werden Sie vielleicht feststellen, dass die haarlosen Flächen auf Ihrem Kopf größer werden, die Körperbehaarung hingegen deutlich zunimmt. Für diese Veränderungen ist in erster Linie das Geschlechtshormon Testosteron verantwortlich.
Für beide Geschlechter gilt: Der Kalorienbedarf geht jetzt allmählich zurück. Das Gewicht nimmt zu. Muskeln werden durch Fett ersetzt.

Um 50 Jahre:
Die Sauerstoffaufnahmefähigkeit geht zurück. Die Durchblutung der Gefäße wird schlechter.

Um 60 bis 70 Jahre:
Das Kurzzeitgedächtnis arbeitet mit verminderter Leistung. Sie können noch die Gedichte aus Ihrer Schulzeit aufsagen, wissen aber manchmal nicht, wo Sie Ihren Autoschlüssel hingelegt haben. Außerdem arbeiten Ihre Abwehrkräfte nicht mehr so effektiv wie früher, Erkältungen dauern länger. Der Gleichgewichtssinn lässt nach. Etwa jede dritte Frau und jeder fünfte Mann weisen mit 60 Jahren bereits eine verringerte Knochenmasse (Osteoporose) auf. Bei jedem Dritten lässt sich nun eine Verkalkung der Gefäße

(Arterien) nachweisen. Seit dem 20. Lebensjahr hat die Muskelmasse um fünf bis neun Kilo abgenommen.

Ihren Organen sieht man das Alter an

	25 Jahre	45 Jahre	65 Jahre
Herzleistung	100%	94%	81%
Lungenkapazität	100%	82%	62%
Cholesterinspiegel	198 mg/dl	221 mg/dl	224 mg/dl
Muskelkraft	100%	90%	75%
Nierenfunktion	100%	88%	69%

Quelle: »WaS«, 10. 3. 1990

Sie müssen »nichts tun«, um gesund und fit zu bleiben

Jeder Organismus altert im Laufe des Lebens. Daran lässt sich nichts ändern. Beeinflussen können Sie aber die Geschwindigkeit, mit der die Alterung voran schreitet. Was müssen Sie tun, um das Altern zu bremsen? Es mag Sie vielleicht etwas erstaunen, dass wir Ihnen kein extremes Fitnessprogramm empfehlen, Sie nicht zum Schönheitschirurgen schicken oder Hormonpräparate verordnen. Bisher haben Sie sicher auf entsprechende Fragen ganz andere Antworten erhalten. Vielleicht waren Sie bislang der Meinung, ein überstandener Triathlon wäre der Schlüssel zur Gesundheit und Leistungsfähigkeit, ein Zehn-Stunden-Arbeitstag der einzige Weg zu beruflichem Erfolg und gesellschaftlicher Anerkennung.

Die Maus hat so viel Lebensenergie wie der Elefant

Wir raten Ihnen lediglich zu Gelassenheit, Genügsamkeit, Mäßigung und gelegentlichem Müßiggang, wenn sie gesund, leistungsfähig und erfolgreich sein wollen. Genügsamkeit und Mäßigung bedeuten nicht, dass Sie sich mit mittelmäßigen Dingen oder unbefriedigenden Situationen zufrieden geben sollen. Wir meinen damit, dass Sie Extreme in allen Lebensbereichen vermeiden sollen. Extremer Sport, übertriebenes Essen oder falscher Ehrgeiz sind nämlich Faktoren, die uns Energie rauben, uns schneller altern lassen und unser Leben verkürzen können.

»Habe nie Angst davor, dich einfach nur für eine Weile hinzusetzen und nachzudenken«, riet die amerikanische Dramatikerin Lorraine Hansberry (1939–1965). Haben Sie keine Angst vor Ruhe, vor Untätigkeit, vor Faulheit oder Müßiggang – denn in dieser scheinbar ungenutzten Zeit tun Sie etwas wunderbares für Ihren Organismus: Sie sparen Energie.

Bereits 1908 hat der Physiologe Rubner festgestellt, dass jedem Lebewesen nur eine begrenzte Lebensenergie zur Verfügung steht. Diese Theorie geriet allerdings in Vergessenheit und wurde erst in den letzten Jahren wieder bekannt gemacht. Prinzinger hat die Lebensenergietheorie, die offiziell Stoffwechseltheorie genannt wird, erneut untersucht und dabei festgestellt, dass scheinbar allen Lebewesen, bezogen auf das Körpergewicht, die gleiche Lebensenergie zur Verfügung steht. Jedes Lebewesen kann nach seinen Berechnungen pro Gramm Körpergewicht etwa 2500 Kilojoule verbrauchen. Roy Walford, der bekannte amerikanische Altersforscher, bestätigt diese Feststellung. Er fügt allerdings ergänzend hinzu, dass der Mensch hier deutlich besser dran ist, als die meisten Tiere.

Sie müssen »nichts tun«

Nach seinen Berechnungen steht dem Menschen etwa die doppelte Energiemenge pro Körpergewichtseinheit zur Verfügung.

Mit anderen Worten ausgedrückt: Jeder von uns startet mit einem Kalorien- und Energiekonto ins Leben, von dem wir in den kommenden Jahren Energie »abheben« können. Früher oder später – das hängt von unserer Lebensweise ab – ist das Konto aufgebraucht. Einen Überziehungskredit gibt es auf dem Lebensenergiekonto leider nicht. Wir haben es in der Hand, sparsam durchs Leben zu reisen oder verschwenderisch durchs Leben zu rasen.

Gesundheit und Langlebigkeit sind dieser Theorie zu Folge vor allem abhängig von der Geschwindigkeit, mit der der Stoffwechsel die aufgenommene Nahrung in Energie umsetzt und aufbraucht. Gelingt es uns, die Stoffwechselrate und damit den Energieverbrauch zu verringern, altern wir langsamer und es resultiert daraus ein langes und gesundes Leben. Der Energieverbrauch ist vor allem abhängig von unserer Lebensweise. Tag für Tag sind wir zahlreichen Lebensenergieräubern ausgesetzt. Stress und Ärger, Kälte und Schlafmangel, falsche Ernährung und unangemessenes Fitnesstraining zählen dazu. Ein hoher Energieverbrauch beschleunigt die Altersvorgänge, macht anfälliger für Krankheiten und kann sogar das Leben verkürzen. Wenn wir hingegen unsere Energievorräte sparsam einsetzen, indem wir durch verschiedene Maßnahmen die Stoffwechselaktivität auf ein gesundes Maß herunterschrauben, werden wir gesünder und leistungsfähiger.

Die Maus hat so viel Lebensenergie wie der Elefant

Energiesparende Fruchtfliegen leben länger

Fruchtfliegen sind die Haustiere der Genforscher, denn die Erbanlagen lassen sich bei diesen Insekten besonders einfach überprüfen. Günstig für Langlebigkeitsuntersuchungen ist zudem die kurze Lebensdauer dieser Insekten, die rasche Forschungsergebnisse möglich machen.

Auf den ersten Blick haben die Fruchtfliegen (Drosophila) zwar nichts mit uns Menschen gemeinsam, doch in vielen Fällen lassen die Entdeckungen, die bei den Fliegen gemacht werden, Rückschlüsse auf Vorgänge bei uns Menschen zu. Das Genom (die Gesamtheit der Erbanlagen) der Drosophila stimmt zu fast 80 Prozent mit dem des Menschen überein.

Kürzlich haben amerikanische Forscher der Universität von Connecticut in Farmington bei Fruchtfliegen eine Genveränderung entdeckt, die den Insekten ein doppelt so langes Leben beschert wie ihren Artgenossen. Die veränderte Erbanlage – von den Wissenschaftlern als Hommage an einen Monty-Python-Film »Indy« (I'm not dead yet = Ich bin noch nicht tot) getauft – greift direkt in den Energiehaushalt und in den Stoffwechsel der Tiere ein.

Dazu sagt David Finkelstein, National Institute of Aging, USA: »Das Interessante (...) ist das Wiederauftreten der Verbindung zwischen dem Stoffwechsel, Kalorienbeschränkungen und der Lebensdauer. Diese Studie weist auf die Möglichkeit hin, dass derjenige, der den Stoffwechsel beeinflussen kann, auch die Lebenserwartung verändern kann.«

... und den Frauen geht's ähnlich

Überall auf der Welt, unabhängig vom Zivilisationsgrad der Länder, von der Ernährung oder ihrer gesellschaftlichen Stellung werden Frauen älter als Männer. Im Schnitt leben sie fünf bis acht Jahre länger. Liegt das an den Hormonen, an der besseren Ernährung oder an ihrer Konstitution? Darüber streiten sich die Wissenschaftler. Wir sind der Meinung, dass die höhere Lebenserwartung der Frauen mit ihrem energiesparenden Stoffwechsel zusammenhängt. Bei gleicher Körpergröße und gleichem Gewicht haben Frauen nämlich einen um zehn Prozent niedrigeren Grundumsatz, das heißt, sie verbrauchen in der gleichen Zeit zehn Prozent weniger Lebensenergie als Männer. Interessant ist in diesem Zusammenhang, dass – unabhängig von der absoluten mittleren Lebenserwartung in den einzelnen Ländern – die Frauen auch etwa zehn Prozent länger leben.

Die Maus hat genauso viel Lebensenergie wie der Elefant

Leichte, kleine Tiere haben meist einen sehr aktiven Stoffwechsel, der sich anhand eines schnellen Herzschlags und einer hohen Atemfrequenz feststellen lässt. Das kostet natürlich eine Menge Kalorien, weshalb diese Lebewesen die ihnen zur Verfügung stehende Energie besonders rasch verbrauchen. So wird eine Maus etwa vier Jahre alt, ein Schimpanse vielleicht 50 Jahre, ein Elefant 70 und eine Schildkröte ca. 150 Jahre. Alle haben während ihres Lebens etwa die gleiche Energiemenge pro Gramm Körpergewicht verbraucht. Lebewesen mit einem niedrigeren Energieumsatz gehen allerdings sparsamer mit ihren Energievorräten um, als solche mit einem vergleichsweise hohen Energieverbrauch. Besonders langsame und träge Tiere wie zum Beispiel Schildkröten, die sich durch nichts aus der Ruhe bringen lassen, leben deshalb deutlich länger, da sie am wenigsten »Lebensenergie« verschwenden. Ähnlich verhält es sich auch mit der Bienenkönigin. Träge und weitgehend untätig sitzt sie in ihrem Bienenstock und lässt sich von den Arbeiterinnen »bedienen«. Ihre Faulheit ermöglicht es ihr, fünf Jahre oder länger zu leben. Die fleißigen Arbeitsbienen hingegen brauchen Ihre Lebensenergie durch ihre Emsigkeit innerhalb von drei bis sechs Monaten auf.

Im Zoo lebt es sich besonders gut

Bestätigt wird diese Theorie durch einen Vergleich zwischen Tieren, die in freier Wildbahn leben und Zootieren. So werden Löwen in der Serengeti nur etwa acht bis zehn Jahre alt. Im Zoo gehaltene Löwen erreichen dagegen ein Lebensalter von 20 Jahren. In der Arktis lebende Eisbären werden meist nicht älter als 20 Jahre, in der Zoogefangenschaft leben sie dagegen bis zu 40 Jahre. Natürlich ist die medizinische Versorgung im Zoo auch besser als in der freien Wildbahn. Der Hauptunterschied liegt aber in der unterschiedlichen Lebensweise. Während die frei lebenden Tiere täglich viele Kilometer auf der Suche nach Nahrung zurücklegen und dadurch außerdem ständigem Stress ausgesetzt sind, führen die Zootiere ein sehr geruhsames und entspanntes Leben. Der Bewegungsumfang –

Im Zoo lebt es sich besonders gut

das wird von Kritikern oft negativ angemerkt – ist auf ein Minimum begrenzt, für die Nahrungssuche wird keine unnötige Energie aufgewendet und natürliche Feinde und Konkurrenten, die Stress verursachen könnten, fehlen. Energieraubenden Situationen sind Zootiere nur selten ausgesetzt. Die Folge ist ein längeres Leben.

So lange können Mensch und Tiere leben

Arbeitsbiene	3 bis 6 Monate
Maulwurf	2 Jahre
Maus	4 Jahre
Bienenkönigin	5 bis 20 Jahre
Regenwurm	6 Jahre
Hund	18 Jahre
Weinbergschnecke	18 Jahre
Katze	20 Jahre
Löwe in freier Wildbahn	10 Jahre
Löwe in Gefangenschaft	20 Jahre
Eisbär in freier Wildbahn	20 Jahre
Eisbär in Gefangenschaft	40 Jahre
Delphin	30 Jahre
Fledermaus	30 Jahre
Braunbär	47 Jahre
Schimpanse	50 Jahre
Strauß	62 Jahre
Alligator	66 Jahre
Eule	68 Jahre
Elefant	70 Jahre
Adler	80 Jahre
Flussperlmuschel	100 Jahre
Mensch	**130 Jahre**
Schildkröte	150 Jahre

Die Maus hat so viel Lebensenergie wie der Elefant

Leben nach dem Formel-1-Prinzip – maximale Power bei kurzer Lebensdauer

Jeder Autofahrer weiß, mit welchem Fahrstil er seinen Motor ruinieren und welches Fahrverhalten die Lebensdauer des Fahrzeugs verlängern kann. Formel-1-Rennwagen sind voller Kraft, beeindruckend und rasant. Sie werden von ihren Fahrern bis an die Grenzen ihrer Leistungsfähigkeit beansprucht. Doch kein anderes Fahrzeug verschleißt so schnell wie die Boliden. Nach einem Rennen von circa 250 Kilometern sind sie verbraucht, die Motoren müssen vollkommen überholt werden.

Dieselfahrzeuge gehören sicher nicht zu den dynamischsten Fortbewegungsmitteln, ihren Besitzern macht es aber nicht sehr viel aus, dass sie im Allgemeinen etwas träger und gemütlicher als Benzinmotoren sind. Dafür erreichen sie locker mehrere hunderttausend Kilometer, wenn sie schonend gefahren werden. LKW sind schließlich so langsam, dass andere Autofahrer sich darüber aufregen. Doch sie schaffen bis zu einer Million Kilometer ohne Motorschaden.

Der menschliche Organismus funktioniert nach einem ähnlichen Prinzip. Wir haben es selbst in der Hand, unseren Organismus zu schonen und sparsam mit den Ressourcen umzugehen oder unsere Kräfte in kurzer Zeit zu vergeuden. Die meisten Menschen – so scheint es – glauben, sie müssten nach dem Formel-1-Prinzip leben und sie erhalten dafür in unserer Gesellschaft auch noch Anerkennung. Nicht nur Berufstätige, sondern auch Rentner und Schüler laufen inzwischen mit vollem Terminkalender herum. Bewundert werden diejenigen, die täglich zahlreiche berufliche und gesellschaftliche Termine unter einen

Hut bringen. Wenn jemand erzählt, dass er in der vergangenen Woche 70 Stunden gearbeitet hat, halten wir ihn für erfolgreich. Behauptet ein anderer in der Mitte des Jahres, er habe bis zum Jahresende keinen einzigen Termin mehr frei, dann schließen wir daraus, dass er nicht nur beruflich, sondern auch gesellschaftlich angesehen ist. Ein immer eingeschaltetes Handy gilt als Statussymbol und wer nicht rund um die Uhr erreichbar ist, glaubt etwas Wichtiges zu verpassen. Wir sind permanent aktiv, aber oft nur wenig effektiv und verschwenden auch für unwichtige Dinge kostbare Lebensenergie.

Menschen, die nach dem Formel-1-Prinzip leben, sind leicht zu erkennen:

1. Sie wollen im Beruf und in der Freizeit immer
Sieger sein;
2. sie setzen den Berufserfolg vor Familie und Freunde;
3. sie müssen immer Recht haben;
4. sie können nicht delegieren, müssen alles
kontrollieren;
5. sie müssen jede Minute des Tages »sinnvoll«
verbringen, haben nie Zeit;
6. sie wollen immer alles haben und geben sich nicht
mit einem Teil davon zufrieden;
7. sie werfen ihre Energie zum Fenster hinaus.

Überall, wo was geschah, war er tätig, war er da ...

Leider haben wir im Laufe der Zeit verlernt, die uns stark belastenden, unsere Zeit und Kraft überfordernden, aber für unser Leben nebensächlichen Aufgaben loszulassen

Die Maus hat so viel Lebensenergie wie der Elefant

und uns ausschließlich auf die wirklich wichtigen Dinge zu konzentrieren. Wir kommen dadurch unnötig in Stress-Situationen, verlieren unsere Gelassenheit, rauben unserem Körper wichtige Lebensenergie, schaden unserer Gesundheit und verkürzen damit eventuell sogar unsere Lebenszeit. Die Geschichte des erfolgreichen Rechtsanwalts Klaus B. macht diese Grundhaltung noch einmal deutlich. Der Rechtsanwalt war Tag und Nacht für seine Klienten da, half allen, die ihn um Rat fragten und engagierte sich als einer der Vorstände für seinen Reitverein. Seine Zeit war von Montag bis Sonntag oft bis spät in die Nacht verplant. Angeblich reichten ihm nachts fünf bis sechs Stunden Schlaf. Er war sogar stolz, dass er die Zeit nicht mit so unwichtigen Dingen wie Schlafen »verplempern« musste. War er tagsüber einmal müde, dann holte er die Lebensgeister mit ein paar Tassen Kaffee zurück. Den permanenten Alltagsstress versuchte er mit Essen zu bekämpfen. Diese Angewohnheit war auch die Ursache für sein Übergewicht. Freizeit kannte er kaum. Die Zeit, die er mit seiner Familie verbrachte, war knapp bemessen. Lediglich einmal im Jahr gönnte sich die Familie einen Sporturlaub. Doch auch hier glaubte der Rechtsanwalt, Höchstleistungen erbringen zu müssen. Auf dem Tennisplatz, im Squashcourt und bei den Wandertouren wollte er immer vorne sein. Er glaubte, auf diese Weise etwas für seine Gesundheit und gegen den Berufsstress zu tun. Mit 51 Jahren wollte er sich schrittweise aus der Rechtsanwaltskanzlei zurückziehen und sich etwas mehr um seine Familie und seine Freunde kümmern. Deshalb suchte er einen Teilhaber, der ihm etwas Arbeit abnehmen konnte. Dazu ist es nicht mehr gekommen. Klaus B. starb an einem Herzinfarkt.
Er hatte seine Lebensenergie vorzeitig verbraucht.

Die Gelassenheit neu entdecken

Zur Beerdigung kamen mehrere tausend Menschen. Die Nachrufe waren voll des Lobes. Es schien, als könnte die Lücke, die er im öffentlichen Leben hinterlassen hatte, kaum noch geschlossen werden. Heute, ein halbes Jahr später, ist sein Name, außer in der Familie, fast schon in Vergessenheit geraten.

> *»Überall, wo was geschah,*
> *war er tätig, war er da,*
> *ohne ihn war nichts zu machen,*
> *keine Stunde hatt' er frei.*
> *Gestern, als sie ihn begruben,*
> *war er richtig auch dabei.«*
>
> Wilhelm Busch

Die Gelassenheit neu entdecken

Das Ziel der meisten Menschen ist es, gesund, lange jung, vital und erfolgreich zu sein. In einer im Auftrag der Zeitschrift »Stern« in den Jahren 1998/99 durchgeführten Repräsentativbefragung der deutschen Bevölkerung gaben 98 Prozent der 18- bis 70-Jährigen an, Gesundheit habe für sie eine »sehr große« oder »ziemliche« Bedeutung.

Auch wenn Gesundheit für die meisten Menschen das höchste Gut zu sein scheint, wird doch kaum etwas weniger gepflegt als diese. Verbinden wir doch inzwischen Stress, Hektik, ständiges Aktivsein mit Erfolg, Gesundheit, Fitness und Leistungsfähigkeit.

Durch diese Denkweise sind für die Gesundheit wichtige Eigenschaften in unserer hektischen Gesellschaft schon

Die Maus hat so viel Lebensenergie wie der Elefant

fast in Vergessenheit geraten: Gelassenheit, Ruhe und Genügsamkeit. Diese alten und scheinbar unmodernen Tugenden sind die eigentlichen Grundlagen zur Realisierung des Traums von Gesundheit.

Leider machen wir, wenn wir heute von diesen Tugenden sprechen, häufig den Fehler, sie ausschließlich im geistigen Bereich zu verankern. Dabei sind sie Schlüsselmerkmale für unseren gesamten Lebensstil und sollten deshalb auch beim Essen, im Berufsleben und auch beim Sporttreiben Beachtung finden. Sie sparen, wenn Sie diese Tugenden praktizieren, wichtige »Lebensenergie« und verbessern gleichzeitig Ihre Chancen auf ein langes Leben.

Hier wird wertvolle Lebensenergie vergeudet

- durch Stress
- durch Bewegung
- beim Essen
- durch Kälte
- durch Schlafmangel
- durch einige Genussmittel

Testen Sie selbst, wie viel Energie Sie vergeuden

1. *Wie beurteilen Sie Ihren beruflichen/ privaten Stress?*
a) Ich fühle mich fast täglich überlastet   2 Punkte
b) Anstrengende Phasen halten sich mit
ruhigen Zeiten in etwa die Waage   1 Punkt
c) Ich kann nicht über zu viel Stress klagen   0 Punkte

Testen Sie selbst

2. *Wie ernähren Sie sich?*
a) Ich habe Übergewicht   2 Punkte
b) Ich kann Essen so viel ich will, ich nehme
einfach nicht zu   2 Punkte
c) Ich habe Normal-/Idealgewicht, muss aber
auf meine Ernährung achten, um das Gewicht
zu halten   0 Punkte

3. *Rauchen Sie?*
a) Ja, eine Packung täglich   1 Punkt
b) Ja, mehr als eine Packung täglich   2 Punkte
c) Nein   0 Punkte

4. *Treiben Sie Sport?*
a) Ja, pro Woche bis zu vier Stunden Sport,
verteilt auf drei bis vier Einheiten   0 Punkte
b) Ja, pro Woche mehr als vier Stunden   1 Punkt
c) Nein, ich treibe keinen Sport   1 Punkt

5. *Welche Temperaturen bevorzugen Sie?*
a) Ich bin sehr kälteempfindlich und bevorzuge
warme Räume. Ich ziehe mich immer relativ
dick an   0 Punkte
b) Bevorzugt halte ich mich in kühlen Räumen
auf und ziehe mich relativ dünn an   1 Punkt
c) Ich habe meiner Meinung nach ein normales
Temperaturempfinden   0 Punkte

6. *Wie viel Kaffee, schwarzen Tee oder andere
koffeinhaltige Getränke trinken Sie täglich?*
a) Ich trinke nichts davon   0 Punkte
b) 1 bis 2 Getränke täglich   1 Punkt
c) Mehr als 2 Getränke täglich   2 Punkte

Die Maus hat so viel Lebensenergie wie der Elefant

7. *Wie lange schlafen Sie regelmäßig?*
a) Weniger als sieben Stunden — 2 Punkte
b) Sieben bis acht Stunden — 1 Punkt
c) Mehr als acht Stunden — 0 Punkte

Die Auswertung ergibt:

0 bis 4 Punkte:
Herzlichen Glückwunsch. Sie leben bereits nach dem Energiesparprinzip. In unserem Buch finden Sie aber wahrscheinlich noch weitere Empfehlungen zum Energiesparen, die Sie noch nicht kennen. Weiterlesen lohnt sich deshalb auch für Sie.

5 bis 8 Punkte:
Vorsicht, Sie vergeuden in einigen Lebensbereichen unnötige Energie. Gehen Sie den Test noch einmal durch und beachten Sie insbesondere die Antworten, die Ihnen zwei Punkte eingebracht haben. Hier gibt es durch Veränderung Ihrer Lebensweise noch eine Menge Energiesparpotenzial. Beachten Sie insbesondere unsere weiteren Vorschläge zum Energiesparen im praktischen Teil.

9 bis 14 Punkte:
Sie leben nach dem Formel-1-Prinzip und verschleudern in zahlreichen Lebensbereichen Ihre Energie. Ziehen Sie die Bremse, unsere nachfolgenden Tipps und Programme können Ihnen dabei helfen. Sie werden bereits nach kurzer Zeit von unseren Empfehlungen profitieren.

Hüten Sie sich vor Energieräubern

Lebensenergie ist eine berechenbare Energie- bzw. Kalorienmenge. Zahlreiche Faktoren tragen im Laufe des Lebens zur allmählichen Verringerung der Energiereserven bei. Jedem leuchtet ein, dass Bewegung Kalorien und damit Energie verbraucht. Weniger bekannt ist jedoch, dass auch Stress den Kalorienverbrauch erhöht. Die bei Stress vermehrt im Blut vorkommenden Stresshormone Adrenalin und Noradrenalin steigern den Stoffwechsel und damit den Energieverbrauch um zehn bis 15 Prozent. Psychische Anspannung führt zu körperlichen Verspannungen. Die verkrampften Muskeln verbrauchen zusätzliche Kalorien. Erstaunlich ist, dass sogar Essen ein Energieräuber sein kann. Je nach aufgenommener Nahrung benötigt unser Körper mehr oder weniger Kalorien für die Verdauung. Frühes Aufstehen wird häufig als ein Zeichen dynamischer Lebensweise gewertet. Dabei kostet uns jede Stunde, die wir weniger schlafen, etwa 50 Kalorien Lebensenergie. Kalte Duschen, kühle Räume und Kneipp-Bäder sollen den Organismus abhärten. Tatsache ist jedoch, dass diese Maßnahmen den Stoffwechsel und damit den Energieverbrauch anregen. Sie sehen also, dass es zahlreiche Möglichkeiten gibt, Energie zu vergeuden oder zu sparen. Energiesparen ist in vielen Alltagssituationen möglich. Ganz wichtige Voraussetzungen für Ihr Energiesparprogramm sind jedoch folgende große und kleine Energiesparer:

Große Energiesparer:
- Ruhe und Gelassenheit in allen Lebenslagen
- Genügsamkeit beim Essen
- Mäßigung beim Sport

Die Maus hat so viel Lebensenergie wie der Elefant

Kleine Energiesparer:
- Entlastung des Energieverbrauchs durch Wärmemanagement
- Schlafverlängerung
- Verzicht auf Genussmittel, die den Energieverbrauch erhöhen

Wenn Sie möglichst viele dieser Empfehlungen praktizieren, sparen Sie wichtige Lebensenergie. Die drei großen Energiesparer stehen im Zentrum des Programms, denn hier lassen sich relativ leicht große Energiemengen einsparen. Mit den kleinen Energiesparern können Sie das Programm sehr gut unterstützen. Die wenigsten werden sich gleich in allen Bereichen umstellen können. Suchen Sie sich deshalb zunächst einen Lebensbereich aus, in dem Ihnen das Energiesparen besonders leicht fällt. Nach und nach können Sie Ihr Energiesparprogramm dann mehr und mehr ausweiten. Da sich die eingesparten Energiemengen aus den einzelnen Bereichen summieren, ist es für viele von uns wahrscheinlich einfacher, in mehreren Bereichen moderate Energiesparmaßnahmen vorzunehmen, als in einem Bereich extreme Veränderungen anzustreben.

Dies ist aber nicht alles. Mit den genannten Verhaltensweisen sind noch weitere subjektiv feststellbare und objektiv messbare Veränderungen verbunden. Schon nach kurzer Zeit werden Sie sich wahrscheinlich körperlich und seelisch besser fühlen. Diese positiven Veränderungen sind objektiv messbar. Sie sind wichtige Belege für einen besseren Gesundheitszustand, wahrscheinlich auch ein Hinweis auf ihr biologisches Alter. So stellte Franke bereits vor einigen Jahren fest, dass die meisten Blutwerte von

vitalen Hundertjährigen im Normbereich liegen, während die Werte von Pflegebedürftigen der gleichen Altersgruppe deutlich von der Norm abweichen.
Die für Ihre Vitalität, Gesundheit und für Ihr biologisches Alter wichtigen Messwerte haben wir für Sie zusammengestellt.

Nehmen Sie uns beim Wort – hier sind die anzustrebenden Messwerte für Ihre Gesundheit

Wir versprechen Ihnen, dass Sie sich nicht nur besser fühlen, wenn Sie unseren Empfehlungen folgen, sondern auch tatsächlich gesünder und leistungsfähiger werden. Aus dem Sport und der Medizin kennen wir einfache Untersuchungen, die Ihnen sehr gute Hinweise auf Ihren Fitness- und Gesundheitszustand liefern. Diese Werte haben wir für Sie zusammengestellt. Einige davon können Sie selbst überprüfen, die anderen lassen Sie am besten von Ihrem Hausarzt kontrollieren. Wir erklären Ihnen, wie diese Werte mit Ihrer Leistungsfähigkeit und Gesundheit zusammenhängen. Bei unseren Recherchen ist uns aufgefallen, dass Parameter wie Cholesterinspiegel, Stresshormonspiegel, Leistungsfähigkeit, Blutzucker und Blutdruck nicht nur, wie allgemein angenommen, durch unsere Ernährung beeinflusst werden. Auch Entspannung, ausreichend Schlaf, Wärme, Sonnenlicht und eine moderate Bewegung wirken sich positiv auf zahlreiche Blutwerte aus.
Diese Werte lassen sich durch Genügsamkeit beim Essen positiv beeinflussen: Gewicht, Blutdruck, Blutzucker, Blutfettwerte, Harnsäure, Homocystein, PWC 130.

Diese Werte lassen sich durch Entspannung und Gelassenheit positiv beeinflussen: Blutdruck, Blutzucker, Abwehrzellen (Lymphozyten), Stresshormonspiegel.

Diese Werte lassen sich durch mäßige Bewegung positiv beeinflussen: Gewicht, Stresshormonspiegel, PWC 130 (wenn Sie bisher keinen Sport getrieben haben), Blutdruck (wenn Sie bisher keinen Sport getrieben haben), Abwehrzellen.

Diese Werte lassen sich durch Wärme und Sonnenlicht positiv beeinflussen: Blutzuckerspiegel, Blutdruck, Gewicht.

Diese Werte lassen sich durch ausreichend Schlaf positiv beeinflussen: Cortisolspiegel, Abwehrzellen, Blutzuckerspiegel.

Ihre Langlebigkeitsmarker

Körpergewicht – eine gewichtige Angelegenheit für Ihre Gesundheit

Das Körpergewicht ist ein wichtiger Indikator für Ihre Fitness. Es zeigt an, ob die tägliche Kalorienmenge zu hoch, genau richtig oder zu niedrig ist. Zu viel Gewicht schränkt Ihre Leistungsfähigkeit ein, führt häufig zu Rückenschmerzen und belastet Herz und Kreislauf.

Das von uns empfohlene Gewicht entnehmen Sie bitte der Richtwertetabelle.

Blutdruck – Gefäße im Würgegriff

Blutdruck ist der Druck, der ständig in unseren Gefäßen herrscht. Ein gewisser Druck ist nötig, um alle Organe mit ausreichend Sauerstoff und Nährstoffen zu versorgen. Ist der Druck aber zu hoch, können die Gefäßwände vom vorbeirasenden Blutstrom beschädigt werden. Diese schadhaften Stellen werden dann zu Angriffspunkten für Ablagerungen. Langfristig führt das zu starren und unelastischen Gefäßen, Kalkablagerungen können die Arterien einengen. Der Blutdruckwert besteht aus zwei Zahlen. Die erste gibt den so genannten systolischen Druck an. Dieser entsteht, wenn sich der Herzmuskel zusammenzieht. Der zweite Wert beschreibt den diastolischen Blutdruck. Dieser entsteht bei Entspannung des Herzmuskels.

PWC 130 – der Leistungswert

Die PWC 130 (physical working capacity 130) informiert Sie über die Leistungsfähigkeit Ihres Herz-Kreislauf-Systems. Der Wert gibt an, welche Belastung (in Watt) Sie auf dem Fahrradergometer mit 130 Pulsschlägen in der Minute erreichen können. Diese Leistung muss in Relation zu Ihrem Gewicht und Ihrem Geschlecht gesehen werden. Als Normalwerte gelten für Männer 1,5 Watt pro Kilogramm Körpergewicht, für Frauen 1,25 Watt. Streben Sie als Mann einen Wert von 2 Watt pro Kilogramm Körpergewicht an, als Frau einen Wert von 1,5 Watt. Das sind optimale Werte im Rahmen unseres Energiesparprogramms. Da diese Werte keine Maximalleistung darstellen, sind sie altersunabhängig. Jüngere gesunde Personen können den Test in jedem gut geführten Fitness-Studio durchführen lassen. Wenn Sie über vierzig Jahre alt sind oder unter Herzbeschwerden, hohem Blutdruck oder Zuckerkrankheit leiden, sollten Sie dazu einen Arzt aufsuchen. Ihre PWC-130-Werte werden sich wahrscheinlich verbessern, wenn Sie Ihr Körpergewicht reduzieren und/oder sich etwas mehr bewegen. Die Rahmenbedingungen für das von uns empfohlene Energiespar-Minimal-Bewegungsprogramm sollten Sie dabei beachten. Aus der nachstehenden Tabelle können Sie die Bewertung Ihrer Leistungsfähigkeit entnehmen:

Bewertungsskala für PWC 130 in Watt/kg

3	2	1	Normwert	1	2	3
geringe Leistung				hohe Leistung		
Männer:						
<1,0	1	1,25	1,5	1,75	2,0	2, 25
Frauen:						
<0,65	0,85	1,05	1,25	1,45	1,65	1,85

Die angegebenen Werte erhalten Sie, wenn Sie die auf dem Fahrradergometer erreichte Wattleistung bei einem Puls von 130 pro Minute durch ihr Körpergewicht (ohne Kleidung) teilen.

Blutfettwerte – zu viel Fett macht die Gefäße dicht

Cholesterin ist Bestandteil zahlreicher tierischer Nahrungsmittel. Vor allem Eier, Wurst und Fleisch enthalten viel Cholesterin, pflanzliche Nahrungsmittel sind cholesterinfrei. In geringen Mengen ist Cholesterin lebensnotwendig und wird unter anderem für die Herstellung verschiedener Hormone benötigt. Ist der Blutcholesterinspiegel aber erhöht, liegt das, von einigen Ausnahmen abgesehen, meistens an einer falschen Ernährung. Das zu viel aufgenommene Cholesterin kann sich in den Blutgefäßen ablagern und dadurch zu Gefäßverstopfung und Arterienverkalkung führen. Durch unser Energiesparprogramm lässt sich der Cholesterinspiegel meist rasch in den »grünen Bereich« bringen.

Ein anderer Fettbestandteil des Blutes sind die Triglyceride. Auch diese stammen zum größten Teil aus der Nahrung und werden an Hüften, Po und Bauch als Fettpolster gespeichert. Bei erhöhten Triglyceride-Spiegeln wird das Blut dickflüssig, fließt langsamer durch die Adern und erhöht so das Risiko für Herzinfarkt und Schlaganfall.

Harnsäure – Gefahr für die Gelenke

Harnsäure ist ein Abbauprodukt des Eiweißstoffwechsels und steigt vor allem dann an, wenn wir zu viel Fleisch, vor allem Innereien, und Hülsenfrüchte zu uns nehmen. Liegt der Harnsäurespiegel zu hoch, lagern sich Kristalle in den Gelenken ab, und das verursacht einen schmerzhaften Gichtanfall. Mit unserem Energiesparprogramm können Sie den Harnsäurespiegel langfristig senken. Wichtig ist dabei aber auch, dass Sie weitgehend auf Fleisch, Alkohol und auch Hülsenfrüchte verzichten und täglich mindestens zwei Liter Wasser trinken.

Blutzucker – nicht alles was süß ist, schmeckt auch Ihrer Gesundheit

Die Kraftquelle für unseren Körper ist der Zucker, der im Blut transportiert wird. Verbrannt werden kann dieser Treibstoff allerdings nur in den Organen. Nur mit Hilfe des

Hormons Insulin gelangt der Zucker dorthin, wo er benötigt wird. Fehlt das Hormon, steigt der Zucker im Blut an. Dieser Zustand, der bei der Zuckerkrankheit anzutreffen ist, schadet auf Dauer den Gefäßen. Nüchtern sollte der Blutzucker bei maximal 100 mg/dl liegen.

Abwehrzellen – die Bodyguards des Körpers

Unser Blut enthält neben den roten Blutkörperchen (Erythrozyten) und den Blutplättchen (Thrombozyten) noch weiße Blutkörperchen (Leukozyten). Zur Familie der weißen Blutkörperchen gehören auch die Lymphzellen (Lymphozyten). Diese spielen eine besondere Rolle im Abwehrsystem. Sie beseitigen nicht nur eingedrungene Krankheitserreger, sondern können auch entartete Zellen erkennen und beseitigen, bevor sich daraus beispielsweise ein Tumor entwickeln kann. Um die Schlagkräftigkeit des Abwehrsystems zu gewährleisten, müssen die Abwehrzellen in ausreichender Anzahl, aber auch in einem optimalen und funktionstüchtigen Zustand vorliegen. Unsere Abwehrzellen können durch Stress, körperliche Überlastung – dazu gehört auch übermäßiger Sport –, Schlafmangel und Genussmittel, vor allem durch Rauchen, geschädigt werden. Bei Entspannung, durch mäßiges Sport treiben, Fasten und ausreichenden Schlaf wird das Immunsystem wieder aktiviert.

Stresshormon Cortisol – Schutz und Gefahr

Cortisol (Kortison) ist ein Hormon, das in den Nebennieren gebildet wird. Das Cortisol wird bei Stress ausgeschüttet und setzt für die bevorstehende Belastung Energiereserven frei: Blutfette werden mobilisiert, der

Blutzuckerspiegel steigt an, Entzündungen werden unterdrückt. Ein kurzfristiger Anstieg dieses Hormons schadet dem Köper nicht. Durch einen ständig erhöhten Cortisolspiegel, wie er bei Dauerstress besteht, wird langfristig das Immunsystem geschwächt, die Neigung zu Infekten und Zuckerkrankheit nimmt zu. Auch unser Gehirn kann durch die ständige Cortisolberieselung Schaden nehmen. Vor allem das Gedächtnis scheint unter dem Hormon zu leiden. Neuere Untersuchungen haben auch gezeigt, dass der Cortisolspiegel nach monatelangem Stress gar nicht mehr auf die Ursprungswerte zurückkehrt, sondern auch in Ruhe erhöht bleibt.

Homocystein zerkratzt die Gefäße

Der Eiweißbaustein Homocystein bildet sich im Körper, wenn ein anderer Eiweißkörper (Aminosäure), das Methionin, abgebaut wird. Methionin ist in zahlreichen Lebensmitteln enthalten. Große Mengen kommen vor allem in Fleisch und Wurst vor. Nach einer solchen Mahlzeit steigt der Homocysteinspiegel stark an.
Erhöhte Homocysteinspiegel verursachen Schäden an den Gefäßinnenwänden, aktivieren die Bildung von Blutgerinnseln und können dadurch Herzinfarkt, Schlaganfall, vorzeitige Gehirnalterung und Thrombosen begünstigen. Die Hauptursachen für einen Homocystein-Anstieg sind eine Ernährung, die reich an Fleisch und Wurst ist, sowie niedrige Spiegel der Vitamine B_6, B_{12} und Folsäure. Durch eine besonders Vitamin-B-reiche Ernährung bzw. durch die Einnahme von Vitamin-B-Präparaten lässt sich der Spiegel der gefährlichen Aminosäure erstaunlich schnell in den unbedenklichen Bereich absenken.

Die Maus hat so viel Lebensenergie wie der Elefant

Ihr Blut zeigt Ihnen, wie fit Sie sind

A. *Werte, die Sie selber kontrollieren können:*

1. Ruhepuls	60–70 Pulsschläge (Puls pro Minute vor dem Aufstehen)
2. Körpergewicht	siehe Richtwertetabelle im Anhang
Blutdruck (mm Hg)	systolisch bis 140 diastolisch bis 85

B. *Werte, die Ihr Arzt kontrollieren muss:*

3. Blutzuckerwert (mg/dl)
nüchtern im Blut   bis 100
nüchtern im Urin   nicht nachweisbar

4. Blutfettwerte
Triglyceride (mg/dl)   bis 125
Cholesterin (mg/dl)   bis 200
HDL-Cholesterin (mg/dl)   über 50 (M) 60 (F)
LDL-Cholesterin (mg/dl)   bis 125

5. Homocystein (µmol/l)   bis 10

6. Harnsäure (mg/dl)   2,5–5,7 (F)
                                               3,5–7,0 (M)

7. Blutbild
weiße Blutkörperchen
(Leukozyten) (mm^3)   4000–9000
Lymphzellen
(Lymphozyten) (%)   25–40

8. Stresshormone
Cortisol (ng/ml)   weniger als 150

Das Wichtigste in Kürze

1. Jedes Lebewesen – auch der Mensch – kommt mit einem vollen »Energierucksack« auf die Welt. Diese Lebensenergie lässt sich in Kalorien pro Gramm Körpergewicht bestimmen. Ist die Energie verbraucht, endet das Leben.
2. Gesundheit und Langlebigkeit sind abhängig von der Geschwindigkeit, mit der die Lebensenergie verbraucht wird. Dies wird durch zahlreiche Untersuchungen und Beobachtungen bei verschiedenen Tierarten bestätigt. Tiere, die sich wenig bewegen, die Winterschlaf halten oder im Zoo weniger Stressfaktoren ausgesetzt sind, leben länger.
3. Auch wir Menschen unterliegen den gleichen Gesetzmäßigkeiten. Da wir unser Leben selbst gestalten können, haben wir die Möglichkeit, durch unseren Lebensstil Einfluss auf den Alterungsprozess zu nehmen.
4. Verhaltensweisen, die den Stoffwechsel beschleunigen und den Kalorienverbrauch erhöhen, verkürzen die Lebenszeit. Lebensverlängernd wirken dagegen Verhaltensweisen, welche die Stoffwechselaktivität bremsen und Kalorien einsparen.
5. Stoffwechsel beruhigende (energiesparende) Verhaltensweisen sind Ruhe, Gelassenheit in allen Lebenslagen, gelegentlich auch Faulheit und Müßiggang, Genügsamkeit beim Essen, Sport nur in Maßen, lange schlafen und warm halten sowie Verzicht auf Genussmittel, die den Energieverbrauch erhöhen.

2. Kapitel

In diesem Kapitel erfahren Sie,

- warum Sportler ein schlechtes Gedächtnis haben

- weshalb Fahrkartenkontrolleure länger als Busfahrer leben

- weshalb Bewegungsmuffel Energiesparer sind

- ob sich für Sie der Fitnessaufwand lohnt

- warum faule Menschen länger leben

Energiesparen durch »Nichtstun«

> »Eile nicht, sorge dich nicht. Du bist
> hier nur kurz zu Besuch.
> Verweile also und rieche an den Blumen.«
>
> Walter C. Hagen (1892–1969),
> amerikanischer Golfspieler

Der erste Marathonläufer bezahlte mit seinem Leben

Sie glauben, dass Sie Ihrem Körper täglich Höchstleistungen abverlangen müssen, um länger jung zu bleiben?
Sie hoffen, dass tägliches Joggen Sie vor einem Herzinfarkt bewahrt?
Sie sind der Meinung, dass regelmäßiges Aerobictraining Sie gesünder macht?
Zahlreiche aktuelle Untersuchungen scheinen diese Meinung zu widerlegen. Seit der griechische Bote Pheidippides im Jahre 400 vor Christus erstmals die 42,1 Kilometer lange Strecke von Marathon nach Athen im Lauftempo zurücklegte und anschließend tot auf dem Marktplatz zusammenbrach, wird über Sinn oder Unsinn exzessiven Sporttreibens diskutiert.
Eine schon etwas ältere Untersuchung gab der Fitnesswelle einen starken Anschub: 1978 stellte der amerikanische Arzt Paffenbarger in einer Studie an 17 000 Harvard-Absolventen fest, dass das Risiko für Herzkrankheiten

Energiesparen durch »Nichtstun«

deutlich sinkt, wenn wöchentlich etwa 2000 Kalorien durch körperliche Aktivitäten verbrannt werden. Von nun an müßten sich Millionen auf dem Laufband, im Squashcourt oder Fitness-Studio ab, um die magischen 2000 Kalorien zu verbrauchen. Leider wurde – wenn die Untersuchung später zitiert wurde – nicht erwähnt, dass die Harvard-Studenten die Kalorien nicht ausschließlich beim Sport, sondern überwiegend durch Treppensteigen, Hund ausführen, Hausarbeit verrichten und ähnlichen Alltagstätigkeiten verbraucht haben. Vergessen wurde auch, dass Paffenbarger bereits bei einem Verbrauch von zusätzlich 500 Kalorien wöchentlich durch Bewegung einen gesundheitsfördernden Effekt feststellen konnte.

Fahrkartenkontrolleure leben länger als Busfahrer

Die wenigsten Studien, auf die sich die Gründer der Fitnessbewegung berufen, bezogen sich wirklich auf Fitnesstraining, Aerobic oder Radsport. Untersucht wurde vor allem, welchen Effekt mäßige Bewegung und moderate körperliche Aktivitäten im Alltag auf die Gesundheit haben. So konnte schon 1953 festgestellt werden, dass die Fahrkartenkontrolleure in englischen Doppeldeckerbussen seltener einen Herzinfarkt erleiden als die Busfahrer. Woran lag das? Setzten sich die Schaffner abends noch auf das Rennrad, die Busfahrer aber nicht? Nein, allein die »sportliche Betätigung« durch Gehen, Stehen und gelegentliches Treppensteigen brachte den Kontrolleuren den entscheidenden gesundheitlichen Vorteil.

Lohnt sich für Sie der Fitnessaufwand?

Sie haben sicher schon öfters gehört und gelesen, dass regelmäßiges Sport treiben vor Krankheiten schützt, jünger macht und das Leben verlängert. Deshalb gehen Sie zweimal pro Woche ins Fitness-Studio, obwohl Sie sich eigentlich lieber im Garten betätigen würden. Zusätzlich joggen Sie noch einmal wöchentlich, obwohl es Ihnen keinen besonderen Spaß macht. Was glauben Sie, um wie viel Sie Ihr Leben verlängern können, wenn Sie – vom zwanzigsten Lebensjahr an – mehrmals wöchentlich Sport treiben?

Sind es fünf, sechs, acht, zehn oder noch mehr Jahre, die Ihnen die Schinderei einbringt?

Sie werden staunen: Durch lebenslange sportliche Aktivitäten können Sie Ihr Leben gerade mal um zwei Jahre (!) verlängern. Zwei Jahre länger zu leben, ist sicher schön und erstrebenswert. Doch der amerikanische Herzspezialist Jacoby hat berechnet, dass die Zeit, die Sie für diesen Zugewinn an Jahren auf der Laufbahn, im Fitness-Studio oder auf dem Tennisplatz verbringen müssen, mindestens ebenfalls zwei Jahre beträgt! Damit relativiert sich für Sie der Gewinn an Lebensjahren. Wenn Ihnen Sport Spaß macht, ist die Zeit sicher nicht verloren. Sind Sie aber ein Sportmuffel und quälen Sie sich nur, um gesund zu bleiben und länger zu leben, dann sollten Sie überdenken, ob sich für Sie der Aufwand überhaupt lohnt. Denn nicht nur die Bewegung im Fitness-Studio wirkt sich positiv auf unsere Gesundheit aus. Bereits mäßiger »Alltagssport« wie Gartenarbeit, Hund ausführen, Fenster putzen oder Treppensteigen reicht aus, um gesund und fit zu bleiben.

Energiesparen durch »Nichtstun«

Bewegungsmuffel sind Energiesparer

Zieht man die Lebensenergietheorie heran, dann sind starke körperliche Anstrengungen sowieso nur eine Vergeudung kostbarer Energiereserven. Auch die Tatsache, dass es extrem wenige ehemalige Hochleistungssportler gibt, die über 80 Jahre alt und noch gesund, geistig rege und leistungsfähig sind, sollte allen Sportbesessenen zu denken geben.

Dafür gibt es aber zahlreiche Beispiele prominenter alter Menschen, die nie Sport getrieben haben oder Sport sogar verabscheuten. Bekanntester Sportgegner ist sicherlich der ehemalige englische Premierminister Winston Churchill. Von ihm stammt der berühmte Ausspruch: »No sports (Kein Sport).« Er hielt sich sein ganzes Leben an diese Grundregel und wurde so 91 Jahre alt (1874–1965). Konrad Adenauer war bereits 73 Jahre, als er 1949 erster Kanzler der Bundesrepublik Deutschland wurde. Erst 14 Jahre später, im hohen Alter von 87 Jahren, gab er dieses Amt an seinen Nachfolger ab. Konrad Adenauer starb mit 91 Jahren. Von Adenauer als Sportler ist nur bekannt, dass er regelmäßig in seinem Ferienort Cadenabbia Boccia spielte.

»Queen Mum«, die Mutter der Königin von England, hat in ihrem Leben sicherlich nie schweißtreibenden Sport betrieben. Dafür konnte sie im Jahr 2000 ihren 100. Geburtstag feiern.

Ältere Sportler leben unter Dauerstress

Auch wir sind inzwischen nicht mehr uneingeschränkt der Meinung, dass leistungsorientierter Sport gesund ist! Beim Sport gilt nicht die Devise »viel hilft viel«. Sport, körperliche Belastungen und größere Anstrengungen stellen für den Organismus zunächst einmal eine »Notfallsituation« dar, auf die er ähnlich reagiert wie auf andere Stressbelastungen. Um die Leistungen zu erbringen, die wir unserem Körper abverlangen, setzt er die gleichen Mechanismen in Gang, die auch in anderen Stress-Situationen ablaufen: Die Nebennieren schütten Cortisol aus, um genug Energie für die körperliche Leistung bereitzustellen. Der Blutzuckerspiegel steigt dadurch an. Stresshormone wie Adrenalin und Noradrenalin treiben Puls und Blutdruck in die Höhe, um die notwendige Versorgung des Organismus auch unter der starken Belastung sicherzustellen. Die Atmung wird schneller, um mehr Sauerstoff in den Organismus zu schleusen.

Ist die Belastung und die damit verbundene Stress-Situation für den Organismus nur leicht und von relativ kurzer Dauer und hat der Organismus ausreichend Zeit, sich wieder zu regenerieren, nimmt der Körper keinen Schaden.

Sport, der unter dem Leistungsaspekt betrieben wird, verursacht hingegen ständige Stress-Episoden und scheint langfristig zu einer veränderten Stressregulation des Organismus zu führen. Wird er unter Leistungsaspekten und erfolgsorientiert betrieben, scheint sogar Freizeitsport ähnlich schädlich zu sein wie Dauerstress im Beruf – zu diesem Ergebnis kam eine Untersuchung von Meermann, Max-Planck-Institut für Psychiatrie in München. Untersucht wurden ältere Marathonläufer (Durchschnittsalter 55 Jahre), die ihren Sport seit mindestens zehn Jahren betrieben und in der Woche zwischen 120 und 150 Kilometer im Training zurücklegten. Durch die ständige intensive körperliche Belastung – so konnte durch Blutuntersuchungen

Energiesparen durch »Nichtstun«

Der Thermostat der Hormonregulation

Die Cortisolausschüttung wird im Organismus durch einen Rückkopplungsmechanismus geregelt, der ähnlich wie der Thermostat einer Heizung funktioniert. Bei Stress wird von einer bestimmten Hirnregion das Hormon CRH (Corticotropin Releasing Hormon) ausgeschüttet. Dieses regt die Produktion eines weiteren Botenstoffs, des ACTH an, welcher in den Nebennieren die Ausschüttung des Stresshormons Cortisol veranlasst. Das ausgeschüttete Cortisol wirkt nun hemmend auf die CRH-Produktion und unterbindet dadurch die weitere Cortisolproduktion. Cortisol schaltet sich selbst ab und schützt so den Körper vor Gesundheitsschäden. Bei chronischem Stress wird dieser Regelmechanismus außer Kraft gesetzt. Die Folge ist ein ständig erhöhter Cortisolspiegel im Blut.

---

nachgewiesen werden – kommt es in den Nebennieren der Marathonläufer zu einer Überproduktion des Stresshormons Cortisol. Der natürliche Regelkreis, der eigentlich eine Dauerproduktion verhindern soll, funktioniert bei den Marathonläufern nicht mehr. Ähnlich wie ein defekter Thermostat, der die Heizung trotz hoher Raumtemperatur nicht mehr auf »normal« zurückschalten kann, ist auch der Rückkopplungsmechanismus bei Marathonläufern derart gestört, dass die durch den Sport verursachten hohen Cortisolspiegel nicht mehr auf Normalwerte eingestellt werden können.

In Untersuchungen an Tieren konnte bereits gezeigt werden, dass Dauerstress das Gedächtnis beeinträchtigt. Die Tests des Max-Planck-Instituts konnten diesen Effekt nun auch bei den unter »Dauerstress« stehenden Langstreckenläufern nachweisen. Sie hatten, verglichen mit den älteren Kontrollpersonen, ein wesentlich schlechteres Kurzzeitgedächtnis. So konnten die sportlich Aktiven nach einer halben Stunde erlernte Begriffe deutlich schlechter wiedergeben als die unsportlichen Kontrollpersonen.

Risikofaktor Sport

Sport ist offensichtlich kein Garant für Gesundheit und ein langes Leben. Vor etwa fünfundzwanzig Jahren versetzte der Sportjournalist James Fixx mit seinem Bestseller »The Complete Book of Running« ganz Amerika in ein Lauffieber. Das Buch wurde auch in Deutschland schnell zu einem Bestseller. James Fixx galt damals als Fitnesspapst. Millionen von Europäern folgten seinen Ratschlägen und versuchten durch Laufen leistungsfähig und gesund zu bleiben. Der Buchautor ging mit gutem Beispiel voran und legte noch als Fünfzigjähriger wöchentlich circa 100 Kilometer joggend zurück. James Fixx starb im Alter von 52 Jahren nach einem Wettkampf über 4 Meilen an Herzversagen. James Fixx hatte, nach Recherchen des bekannten amerikanischen Sportarztes Cooper, in den letzten 17 Jahren vor seinem Tod etwa 60 000 Kilometer im Lauftempo zurückgelegt und an insgesamt 20 Marathonläufen teilgenommen.
Fixx ist kein Einzelfall. Jack Kelly, den Bruder von Grace Kelly, der als Ruderer bei den Olympischen Spielen Bronze holte, ereilte das gleiche Schicksal. Auch er verstarb an einem Herzinfarkt. Emil Zatopek, der bekannte Weltklasseläufer und mehrfache Olympiasieger auf den lan-

Energiesparen durch »Nichtstun«

gen Laufstrecken, den die Sportpresse wegen seines Laufstils die »tschechische Lokomotive« nannte, starb im Alter von 78 Jahren an den Folgen eines Schlaganfalls. Herbert Schade, sein deutscher Konkurrent im 10 000-m-Lauf, wurde nur 72 Jahre. Er starb an einem Herzinfarkt. Wladimir Kuz, ehemaliger Weltrekordler über 5000 Meter und 10 000 Meter, starb im Alter von nur 48 Jahren ebenfalls an einem Herzinfarkt. Alle diese Sportler waren in unseren Augen extrem fit und leistungsfähig. Trotz ihrer scheinbar so gesunden, körperbewussten Lebensweise erreichten sie in vielen Fällen noch nicht einmal ein durchschnittliches Lebensalter. Erschreckend ist, dass ihr tägliches sportliches Training scheinbar keinerlei Gesundheitsvorteile gebracht hat. Nachdenklich stimmt insbesondere die Tatsache, dass die genannten Leistungssportler durch Krankheiten zu Tode kamen, die durch den von ihnen ausgeübten Sport eigentlich hätten verhindert werden sollen. Im Allgemeinen wird der Laufsport nämlich zum Schutz vor Herzinfarkt und Schlaganfall empfohlen.

Der Sportmediziner K. H. Cooper vermutet, dass Leistungssport im mittleren und höheren Lebensalter keine Gesundheitsvorteile bringt, wahrscheinlich sogar das Gegenteil. So berichtet er von einem Teilnehmer an mehreren Ultra-Langstreckenläufen, der seinen Sport wegen einer Herzerkrankung aufgeben musste. Seine Herzkranzgefäße waren stark verkalkt.

Über Todesfälle beim Sport wird immer wieder in den Tageszeitungen berichtet. Die Öffentlichkeit nimmt diese Informationen – anders als Verkehrsunfälle – ohne Kommentar zur Kenntnis. So starb bei der Eröffnungsfeier der Olympischen Spiele in Sydney der 74 Jahre alte Fackelläufer Ron King kurz nach Übergabe des Olympischen Feuers an einer Herzattacke (»Fuldaer Zeitung«, 1. 9. 2000). Etwa zehn Tage später überlebten ein 58-jähriger Däne und eine 38-jährige Frau aus Panama den Berlin-Marathon nicht. Der dazu befragte Notarzt beim Berlin-Marathon meinte: »Rein statistisch müssen wir mit einem unvermeidlichen Todesfall auf fünf bis sechs Läufe rechnen« (»Die Welt«, 12. 9. 2000).

Sport – auf die Menge kommt es an

»Alleine die Dosis macht ein Heilmittel zum Gift«, wusste schon Hippokrates. Auch auf das sportliche Training scheint diese Aussage zuzutreffen.
So wird in der neueren Literatur Sport immer wieder als Schutzfaktor gegen Krebserkrankungen erwähnt. Diese Aussage scheint allerdings nur auf mäßige sportliche Betätigung zuzutreffen. Intensive sportliche Aktivitäten scheinen in dieser Hinsicht keine gesundheitlichen Vorteile zu bringen. Wahrscheinlich wird dadurch sogar noch das Krebsrisiko erhöht. Polednak konnte bei einer Untersuchung an 8400 Harvard-Absolventen belegen, dass diejenigen, die intensiv Sport getrieben hatten, häufiger an Tumoren verstarben als Nichtsportler.
Paffenbarger untersuchte 50 000 Harvard-Absolventen, die entweder mehr oder weniger als fünf Stunden Sport pro Woche trieben. In dieser Studie fiel auf, dass die Intensiv-Sportler deutlich öfter an Prostatakrebs erkrankten.
Nachdenklich stimmen auch die häufigen Krebserkrankungen bei noch relativ jungen Ausdauersportlern, über

Energiesparen durch »Nichtstun«

die Cooper berichtet. Ein guter Freund Coopers starb im Alter von 60 Jahren an Krebs. Er absolvierte in seinem Leben 524 Marathonläufe und war damit der Mensch mit den meisten abgeschlossenen Marathonläufen auf der Welt. Immer mehr Mediziner sehen mittlerweile Zusammenhänge zwischen Übertraining und der Entstehung von Krebs und anderen Krankheiten.

Natürlich lässt sich mit diesen Beispielen nicht abschließend beweisen, dass Sport Krebserkrankungen fördert. Sie zeigen jedoch den zweifelhaften Gesundheitswert intensiv betriebenen Leistungssports und machen deutlich, dass Sie zum Schutze Ihrer Gesundheit keinen leistungsorientierten Sport ausüben müssen. Es ist deshalb immer wieder bedauerlich, dass die Presse in einer Weise über an Krebs erkrankte Leistungssportler berichtet, die nach Behandlung der Krebserkrankung ihren Sport weiter erfolgreich ausüben, dass der unbefangene Leser meinen kann, Leistungssport hätte den krebskranken Sportler wieder gesund gemacht.

Dabei wird übersehen, dass der Sportler von der Krankheit während der Ausübung seines Berufes als Spitzensportler heimgesucht wurde.

So war es auch bei Lance Armstrong, dem Gewinner der Tour de France von 1999 und 2000. Lance Armstrong bekam Hodenkrebs als er bereits zu den weltbesten Radsportlern gehörte. Er wurde schulmedizinisch behandelt, einschließlich Chemotherapie, und kehrte anschließend mit Erfolg wieder auf die Wettkampfbühne zurück. Das eigentliche Wunder ist dabei, dass Armstrong trotz seiner Krebserkrankung wieder ein Weltklasseprofi der Radsportler werden konnte.

Leistungsorientierter Sport – der K.-o.-Schlag für die Abwehrkräfte?

Fördert übermäßige körperliche Belastung entgegen der weit verbreiteten Meinung die Entstehung chronischer Krankheiten wie Krebs und Gefäßverkalkung? Darüber existieren derzeit noch keine umfangreichen und abgesicherten Daten. Fest steht aber, dass sich erfolgsorientierter Sport durchaus negativ auf unsere Abwehrkräfte auswirkt. Davon können auch viele Sportler ein Lied singen: Vor wichtigen Turnieren und großen Wettkämpfen, nach Trainingslagern und intensiven Vorbereitungsphasen jagt eine Erkältung die nächste, Zerrungen und Verletzungen häufen sich.

In zahlreichen Studien konnte nachgewiesen werden, dass Sportler nach Ausdauerwettkämpfen deutlich häufiger mit Nebenhöhlenentzündungen, Halsinfekten und Bronchitis zu kämpfen haben. Verantwortlich für die hohe Infektanfälligkeit ist eine vorübergehende Schwächung des Immunsystems. Auch bereits bestehende Erkrankungen verlaufen schwerer, wenn das Training wieder aufgenommen wird, bevor der Infekt abgeklungen ist. In diesen Fällen ist die Gefahr einer Herzmuskelentzündung, eines Übergangs der Krankheitserreger auf das Herz, besonders groß. In einigen Fällen kann der Herzmuskel dadurch sogar dauerhaft geschädigt werden.

Möglicherweise ist auch die erhöhte Krebsrate bei Leistungssportlern auf die häufige Schwächung des Immunsystems zurückzuführen: Im Organismus eines jeden Menschen entstehen Tag für Tag entartete Zellen, aus denen sich eine Krebserkrankung entwickeln kann. In der Mehrzahl der Fälle bedeuten diese Zellveränderungen

Energiesparen durch »Nichtstun«

aber keine Gefahr, denn sie werden rechtzeitig von unserem Immunsystem aufgespürt und vernichtet. Sind die Abwehrkräfte aber über einen längeren Zeitraum nicht voll funktionstüchtig, kann es durchaus passieren, dass die eine oder andere entartete Zelle den »Immunkontrolleuren« entwischt und dann zum Ausgangspunkt einer Tumorerkrankung wird.

Minimale Bewegung für optimale Gesundheit

»Eile mit Weile«, diesem Rat des römischen Kaisers Augustus möchten wir uns gerne anschließen. Zwar benötigen wir zur Aufrechterhaltung der Funktionsfähigkeit aller Organe, zur Stärkung der Abwehrkräfte und für optimale körperliche und geistige Leistungsfähigkeit durchaus eine bestimmte, wohl dosierte Bewegungsmenge. Dieses Bewegungsprogramm hat aber nichts mit einem leistungsorientierten Fitnesstraining zu tun und ist meilenweit entfernt von Extremsportarten. Zahlreichen Untersuchungen zufolge schützt ein gewisses Maß an Bewegung nämlich vor Herz-Kreislauf-Erkrankungen und dient der Gesundheit. Dazu ist aber nicht unbedingt sportliche Betätigung notwendig. Auch unsere Alltagsbewegung, das heißt Hund ausführen, Einkaufen, Treppensteigen und Rasen mähen kann ausreichen. Wem jedoch diese Alltagsbewegung zum Beispiel bei einem ausschließlich sitzenden Beruf fehlt, der sollte zum Ausgleich regelmäßig ein sportliches Minimalprogramm durchführen.

Unser »Sportprogramm« dient dazu, die Funktion ihrer Organe und Muskeln zu erhalten. Es soll aber in jedem Fall zur Entspannung beitragen und nicht noch einen weiteren Stressfaktor in Ihr Leben bringen. Beachten Sie deshalb die Tipps für »entspannten Sport«. Versuchen Sie, sich regelmäßig zu bewegen. Wenn allerdings einmal die Zeit knapp wird, lassen Sie lieber die Sporteinheit ausfallen, als sich abzuhetzen (das sollte aber dann nicht zur Regel werden!).

Unser Minimalprogramm für Fitness und ein langes Leben

Das Programm besteht
- aus einem Brisk-Walk über 30 Minuten, den Sie drei- bis viermal wöchentlich durchführen sollten, oder alternativ
- aus peripatetischer Meditation – einem kombinierten Bewegungs-Entspannungsprogramm. Ergänzen sollten Sie das Programm durch
- ein Muskeldehnungsprogramm von 10–15 Minuten Dauer, das wir Ihnen dreimal wöchentlich empfehlen.

Mehr Zeiteinsatz und ein intensiveres Training sind für Ihre Gesundheit nicht nötig. Das Programm bietet aus der Sicht der Stoffwechseltheorie die optimalen Voraussetzungen für ein langes und erfolgreiches Leben. Mehr Bewegung ist reiner Luxus.

Das Brisk-Walk-Programm

Ein Brisk-Walk ist weder ein gemütlicher Spaziergang noch ein flottes Walking. Brisk-Walk liegt von der Intensität her zwischen beiden. Zusätzlich werden beim Brisk-Walk nicht nur die Beine, sondern auch die Arme mit in

Energiesparen durch »Nichtstun«

die Bewegung einbezogen. Mit Brisk-Walk können Sie zeitgleich Ihre Ausdauer verbessern und Ihre Muskeln trainieren.

Brisk-Walk – das ist zu beachten

Für den Brisk-Walk benötigen Sie keine teure Sportausrüstung. Sie brauchen lediglich gut passende Schuhe und bequeme Kleidung. Die Technik des Brisk-Walk ist leicht zu erlernen: Sie müssen nur beim Gehen Ihre Arme anwinkeln und die Hände zu einer festen Faust zusammenballen. Wenn Sie nun Ihre Arme noch bei jedem Schritt kräftig gegengleich zu den Füßen bewegen, dann beherrschen Sie schon die für den Brisk-Walk erforderliche Technik. Sie trainieren mit Brisk-Walk nicht nur die Beine und das Herz-Kreislauf-System, Sie trainieren auch die Muskeln von Armen, Brust und Rücken.

Achten Sie beim Brisk-Walk auch auf die richtige Pulsfrequenz. Sie sollte zwischen 115 und 120 Pulsschlägen pro Minute liegen. Führen sie den Brisk-Walk jeweils 30 Minuten durch. In dieser Zeit können Sie eine Strecke zwischen 2 Kilometer (Anfänger) und 3,5 Kilometer (Trainierte) zurücklegen.

Hinweis zur Bestimmung der Trainingspuls-Frequenz: Sie können Ihren Puls am Handgelenk oder am Hals messen. Zählen Sie direkt nach dem Brisk-Walk 15 Sekunden die Pulsschläge, multiplizieren Sie diese mit der Zahl vier und Sie erhalten die Pulsschläge pro Minute. Überschreiten Sie die Pulsobergrenze nicht. Mit einem elektronischen Pulsmessgerät, das sie in jedem Sportfachgeschäft kaufen können, lässt sich die Pulsfrequenz auch während des Trainings überprüfen.

Unser Minimalprogramm

Peripatetische Meditation – Entspannen beim Umherlaufen

In der griechischen Sprache bedeutet das Wort »peripato« »spazieren gehen«. Peripatetiker wurden die Schüler von Aristoteles genannt, weil dieser sie in einer Wandelhalle (peripatos) beim Umhergehen unterrichtete. Mit der Peripatetischen Meditation können Sie ihr Herz-Kreislauf-System schonend trainieren und gleichzeitig auch Ihren Geist entspannen. Diese spezielle Form des Laufens wurde bereits 1980 von Peter Axt entwickelt. Damals berichteten immer wieder Lehrgangsteilnehmer, denen die Grundformen des Lauftrainings vermittelt werden sollten, dass sie beim Laufen nicht die gesuchte Entspannung finden würden. Während des Trainings würden sich immer wieder störende Gedanken aufdrängen. Dadurch werde das Lauferlebnis empfindlich gestört, manchmal müsste deshalb sogar der Lauf unterbrochen werden. Mit einem einfachen Trick – die Teilnehmer sollten die Laufschritte zählen – konnten in kürzester Zeit die Problemgedanken gestoppt werden, der Kopf wurde frei, ein Gefühl der Ruhe und Entspannung stellte sich ein und der Lauf wurde zu einem Erlebnis.

In den folgenden Jahren haben wir diese Laufmeditation noch etwas verfeinert und vielfach erfolgreich bei Schlafstörungen, Stress, erhöhtem Blutdruck und psychischer Erschöpfung eingesetzt.

Peripatetische Meditation – das ist zu beachten

Die Belastung sollte nur so stark gewählt werden, dass Sie noch Freude an der Bewegung empfinden und sich nicht quälen müssen oder sehr außer Atem kommen. (Maximal 120 Pulsschläge pro Minute – zur Pulsfrequenzmessung

Energiesparen durch »Nichtstun«

lesen Sie noch einmal unsere Hinweise unter Brisk-Walk.) Bei zu starker körperlicher Belastung kann sich der Entspannungseffekt nicht einstellen. Wählen Sie deshalb eine möglichst ebene Laufstrecke, denn in einem hügeligen Gelände werden Sie durch die ständig wechselnde Belastungsintensität aus dem entspannenden Bewegungsrhythmus gebracht.

Eine Konzentration auf den Schrittrhythmus erleichtert das Abschalten. Bewährt haben sich so genannte »Mantras«, das sind einsilbige Worte wie »om« oder »ra«, die bei jedem Schritt gedacht werden müssen. Sinn dieser gedanklichen Beschäftigung mit Mantras ist es, störendes Nachgrübeln, Gedanken und Probleme durch eine Blockierung des Denkvorgangs auszuschalten. Von vielen, die sich dem meditativen Laufen widmen, wird auch die Zahlenreihe 1, 2, 3 ... 10, 1, 2, 3 ... im Rhythmus der Laufschritte wiederholt.

Das Muskeldehnungsprogramm

Dehnungsübungen erhalten die Elastizität der Muskeln und schützen so vor Verletzungen im Alltag. Ab dem zwanzigsten Lebensjahr lässt die Elastizität unserer Bänder und Gelenke nach. Wir werden, wenn wir nichts dagegen tun, immer unbeweglicher. Je älter wir werden, desto mehr schränkt uns diese Unbeweglichkeit auch im Alltag ein. Mit einem entsprechenden Dehnungsprogramm lassen sich Elastizität und Beweglichkeit erhalten. Wir haben für Sie einige wirkungsvolle und leicht durchführbare Übungen für die wichtigen Muskelgruppen zusammengestellt. Bitte beachten Sie beim Üben die nachfolgenden Grundsätze:

Unser Minimalprogramm

- Dehnen Sie Ihre Muskeln nur, wenn sie warm sind. Kalte Muskeln sind verletzungsanfällig.
- Gehen Sie beim Dehnen langsam und behutsam vor. Versuchen Sie nie, die Muskeln mit Gewalt zu dehnen. Schmerzen dürfen während der Übungen nicht auftreten.
- Halten Sie die Dehnung jeweils 30 Sekunden aufrecht.
- Führen Sie jede Übung zweimal durch.
- Atmen Sie während des Dehnungsvorgangs ruhig und gleichmäßig weiter. Das entspannt den Geist und auch die Muskeln.
- Machen Sie nach jeder Dehnungsübung eine Pause von etwa einer Minute.

Muskeldehnungsprogramm – so geht's

1. *Dehnung der Schultermuskeln, der seitlichen Rückenmuskeln und der Muskeln des hinteren Oberarms:*

Stellen Sie sich aufrecht hin. Legen Sie nun eine Hand in den Nacken. Mit der anderen Hand üben Sie jetzt einen sanften Druck auf den Ellenbogen aus. Ziehen Sie diesen Ellenbogen langsam in die Richtung des anderen Arms. Halten Sie die Spannung etwa 30 Sekunden. Wenn Sie die Übung richtig ausgeführt haben, verspüren Sie ein leichtes Ziehen am hinteren Oberarm sowie seitlich im Schulter- und Rückenbereich. Nun führen Sie die gleiche Übung mit dem anderen Arm durch. Wiederholen Sie den gesamten Übungsablauf noch einmal.

2. *Dehnung der Brustmuskeln:*

Stehen Sie aufrecht und strecken Sie beide Arme vor der Brust waagrecht aus. Die Arme sollten parallel zum Boden

Energiesparen durch »Nichtstun«

ausgerichtet sein, achten Sie darauf, dass die Handflächen zum Boden weisen. Winkeln Sie nun die Ellenbogen an und ziehen Sie die Arme so weit nach hinten, bis sich die Ellenbogen hinter dem Körper befinden. Halten Sie diese Position etwa 30 Sekunden. Gehen Sie zurück in die Ausgangsposition. Wiederholen Sie diese Übung noch einmal.

3. *Dehnung der Handgelenke:*

Strecken Sie die Arme über den Kopf und legen Sie die Handflächen in »Betstellung« zusammen. Die Fingerspitzen zeigen nach oben. Führen Sie nun die zusammengelegten Hände dicht vor dem Körper langsam an Kopf und Brust vorbei, bis Sie in den Handgelenken und den Unterarmen einen leichten Dehnungszug verspüren. Halten Sie diese Position etwa 30 Sekunden. Gehen Sie anschließend zur Ausgangsstellung zurück und wiederholen Sie die Übung.

4. *Dehnung der Oberschenkel und Gesäßmuskeln:*

Setzen Sie sich aufrecht auf einen Stuhl mit Rückenlehne. Legen Sie Ihren linken Fuß auf den Oberschenkel Ihres rechten Beins. Fassen Sie mit einer Hand das Fußgelenk und mit der anderen Hand das Knie an und ziehen Sie das Bein vorsichtig und langsam in Richtung Oberkörper, bis Sie eine leichte Spannung im Oberschenkel und im Gesäßmuskel spüren. Halten Sie diese Position etwa 30 Sekunden. Wiederholen Sie dann diese Übung mit dem anderen Bein.

Beginnen Sie danach noch einmal von vorne.

5. Dehnung der Oberschenkelmuskulatur:

Stellen Sie sich vor einen Stuhl, halten Sie die Füße etwa schulterbreit auseinander. Stützen Sie sich nun mit der linken Hand an der Lehne ab, winkeln Sie das rechte Bein nach hinten an und ergreifen Sie mit der rechten Hand die Fußspitze des angewinkelten Beins. Ziehen Sie nun langsam und vorsichtig die Ferse zum Gesäß bis Sie ein leichtes Ziehen im rechten Oberschenkel verspüren. Halten Sie die Position etwa 30 Sekunden. Wiederholen Sie dann diese Übung mit dem anderen Bein. Beginnen Sie danach noch einmal von vorne.

6. Dehnung der Wadenmuskulatur:

Stellen Sie sich hinter einen Stuhl mit Lehne und stützen Sie sich mit Ihren Händen auf der Lehne ab. Strecken Sie nun das rechte Bein weit nach hinten, die Ferse muss dabei den Boden berühren. Beugen Sie dann das linke Bein bis ein Ziehen in den Waden entsteht. Halten Sie diese Position etwa 30 Sekunden. Wiederholen Sie dann diese Übung mit dem anderen Bein. Beginnen Sie danach noch einmal von vorne.

Das Wichtigste in Kürze

1. Auch beim Sport hat der Satz »die Dosis macht ein Heilmittel zum Gift« Gültigkeit, auch eine »Überdosis« Bewegung kann schädlich sein.
2. Leistungsorientierter Sport ist kein Garant für Gesundheit und ein langes Leben. Wahrscheinlich schädigt er sogar unsere Gesundheit. Sicher ist, dass bei älteren Aus-

dauersportlern, die ihren Sport wettkampfmäßig betreiben und deshalb intensiv trainieren müssen, die Leistungsfähigkeit des Kurzzeitgedächtnisses vermindert ist. Auch treten Herz-Kreislauf-Erkrankungen, Infekte und sogar Krebserkrankungen bei Personen, die sehr viel Sport treiben, nicht seltener auf als bei Menschen, die nur ein mäßiges Bewegungsprogramm absolvieren.

3. Mäßige Bewegung dagegen ist wichtig für unsere Gesundheit. Durch moderate Bewegung werden die Funktionsfähigkeit unserer Organe erhalten und das Immunsystem gestärkt. Alltagsbewegung ist wahrscheinlich ausreichend.

4. Als Minimalaktivitäten empfehlen wir allen, die viel sitzen müssen, Brisk-Walk und Peripatetische Meditation.

3. Kapitel

In diesem Kapitel erfahren Sie,

- wie Essen Ihnen Lebensenergie raubt

- was »dinner cancelling« bedeutet

- wie Lerchen und Eulen essen sollten

- warum Fasten jünger macht

Esse wenig – lebe länger

> *»Wenn ich auf den Markt gehe,
> wird mir bewusst, wie viele Dinge es gibt,
> die ich nicht brauche.«*
>
> Sokrates

Wer schnell zunimmt, lebt länger

Nicht alle Menschen verwerten die Nahrung gleich gut. Wer schon beim Anblick eines Stück Kuchens zunimmt, ärgert sich natürlich über seinen trägen Stoffwechsel. Doch diese Menschen haben wahrscheinlich die besten Voraussetzungen für ein langes Leben. Bisher haben Sie wahrscheinlich diejenigen beneidet, die essen konnten, was sie wollten und immer noch gertenschlank waren. Im Gegensatz zu den guten »Futterverwertern«, die jede Nahrungskalorie ausnutzen und dadurch auch schneller zunehmen, ist der Stoffwechsel bei schlanken Menschen meistens sehr aktiv. Sie verbrennen ihre Lebensenergie schneller. Die Voraussetzung für ein langes Leben scheint aber ein eher langsamer Stoffwechsel zu sein. Auch wenn Diäten und Kalorientabellen uns vorgaukeln, dass jeder durch die Einsparung einer bestimmten Kalorienmenge ein bestimmtes Gewicht verlieren kann, so sieht die Realität doch ganz anders aus. Tatsächlich ist die Stoffwechselsituation von Mensch zu Mensch völlig unterschiedlich. Wer einen langsamen und eher trägen Stoffwechsel besitzt, dem fällt es oft sehr schwer, Gewicht zu verlieren. Doch diese Personengruppe kann besonders leicht Lebensenergie einsparen, denn ihr Organismus geht sorgsam mit seinen Reserven um. Das darf natürlich nicht dazu verleiten, nun zügellos zu essen. Ganz im Gegenteil: Wer die Nahrung besonders gut auswertet, kann leichter mit einer deutlich reduzierten Kalorienmenge auskommen. Wer Lebensenergie einsparen möchte, muss aber – ganz gleich ob guter oder schlechter Futterverwerter – Übergewicht vermeiden. Übergewicht deutet nämlich immer darauf hin, dass mehr Kalorien aufgenommen als benötigt werden. Übergewicht ist nicht nur ein Risikofaktor für die Entstehung zahlreicher, das Alter beschleunigender Zivilisationserkrankungen wie hoher Blutdruck, Zuckerkrankheit oder Arterienverkalkung. Die Verdauungsarbeit vergeudet zudem Lebensenergie, und das gespeicherte Fettgewebe ist wie ein übervoller, schwerer Rucksack, den wir tagein, tagaus mitschleppen müssen.

Essen kostet Energie

Zunächst scheint es nicht einleuchtend zu sein, dass Essen Energie verbrauchen soll. Auf den ersten Blick nimmt man mit der Nahrung ja sogar Energie auf. Doch auch der Verdauungsvorgang ist »Arbeit« für den Organismus, weshalb ein relativ großer Teil der mit der Nahrung aufgenommenen Kalorien für die Verdauung des Essens benötigt wird. Man könnte nun daraus schließen, dass leicht verdauliche, kohlenhydrathaltige Nahrungsmittel, die weniger Verdauungsenergie »verschwenden«, uns länger jung halten. Schwer verdauliche, fette und eiweißreiche Nahrungsmittel uns hingegen »Lebensenergie« rauben.

Der Würzburger Alternsforscher Franke stellte in seinen Untersuchungen über das Essverhalten rüstiger Hundertjähriger fest, dass die meisten vitalen Alten ihr Leben lang mäßige Esser und im Allgemeinen bis auf wenige Ausnahmen schlank gewesen waren. »Die pro Tag zugeführte Kalorienmenge der Uralten (...) schwankt etwa zwischen 1200 und 1900 Kalorien täglich.« Zudem gaben die »fitten Alten« an, auf blähende, schwere und saure Speisen während ihres ganzen Lebens verzichtet zu haben. Sie haben ihr Leben lang überwiegend leicht verdauliche Nahrungsmittel zu sich genommen. Möglicherweise haben sie bereits durch ihr Essverhalten Energie gespart und somit den Grundstein für ihr langes Leben gelegt.

Kürzlich teilte uns Frau Dr. Paula Sch., eine 92-jährige, sehr vitale Ärztin und Leserin unseres Buches »Bleib doch einfach jung« ihr Geheimrezept für ihr langes und gesundes Leben mit. Frau Dr. Sch. schrieb: »Sie fragen mich nach meinem Rezept für meine Fitness. Ich rauche nicht und trinke keinen Alkohol und esse nur wenig, oft nur zweimal am Tage.«

Weniger essen – länger leben

In der Presse, im Fernsehen oder über das Internet werden ständig neue Methoden und Mittel angepriesen, die verjüngend und lebensverlängernd wirken sollen. Sicherlich gibt es einige Hinweise auf die versprochenen Wirkungen, wissenschaftliche Beweise existieren hingegen für die wenigsten Maßnahmen. Die einzige Methode, die sowohl bei

Esse wenig – lebe länger

Säugetieren als auch beim Menschen nachweislich sowohl das Altern verlangsamen als auch das Leben verlängern kann, ist eine Reduktion des Energieverbrauchs und eine Verlangsamung der Stoffwechselaktivität durch eine Einschränkung der Kalorienzufuhr. Zahlreiche Untersuchungen belegen diesen Tatbestand.

Bereits in den dreißiger Jahren des vergangenen Jahrhunderts konnte der amerikanische Ernährungswissenschaftler McCay das Leben von Laborratten durch eine Einschränkung der Kalorienzufuhr um mehr als 50 Prozent verlängern. Die Ratte, welche das Experiment am längsten überlebte, wurde 1800 Tage alt. Das entspricht einer menschlichen Lebensdauer von etwa 200 Jahren.

Zu einem ähnlichen Ergebnis kam auch der amerikanische Alternsforscher Roy Walford. Sowohl durch Studien an Mäusen, Ratten und Affen, als auch durch Untersuchungen beim Menschen konnte Walford zahlreiche Hinweise dafür finden, dass weniger essen das Leben verlängern kann. Er propagiert deshalb schmale Kost als Rezept zum Jung bleiben. Erfolgreich getestet hat er diese Ernährungsempfehlung zuerst an Labormäusen. Versuchstiere, die auf schmale Kost gesetzt wurden und bis zu 40 Prozent weniger Futter als ihre Käfignachbarn bekamen, lebten doppelt so lange wie die gut genährten Artgenossen. Die Mäuse, die sich täglich satt fressen durften, bauten schneller ab, bekamen ein stumpfes Fell und eine faltige Haut – typische Alterserscheinungen. Die schlanken »Hungermäuse« hingegen behielten ihr glänzendes Fell, blieben agil und reaktionsschnell.

Inzwischen haben mehrere Forscherteams ihre Studien auch auf Affen, die uns Menschen weitaus ähnlicher sind als die Nagetiere, ausgedehnt. Da diese aber deutlich länger leben als Mäuse, wird es noch einige Zeit dauern, bis die Untersuchungen endgültig ausgewertet werden können. Dennoch liegen bereits einige interessante Zwischenergebnisse vor.

So werden 30 Rhesusaffen seit 1989 an der Universität von Wisconsin im Rahmen eines »Lebensverlängerungsprojektes« regelmäßig untersucht. Die eine Hälfte der »Teilnehmer« darf so viel essen, wie sie möchte, die andere erhält nur etwa 70 Prozent dieser Kalorienmenge. Inzwischen konnte das Forscherteam feststellen, dass bei Affen durch eine Kalorienreduktion ähnliche Verjüngungseffekte erzielt werden können, wie bei Nagetieren. Der Blutzuckerspiegel und der Spiegel des zuckersenkenden Hormons Insulin lagen bei den »Diät-Affen« deutlich niedriger als in der Vergleichsgruppe.

Diese Entdeckung ist deshalb bezogen auf Alternsvorgänge sehr wichtig, da Lebewesen – auch Menschen – mit einem erhöhten Blutzuckerspiegel ein großes Risiko haben, frühzeitig an Arterienverkalkung, Herzinfarkt, Schlaganfall oder anderen Altersleiden zu erkranken. Bei den normal ernährten Affen hingegen haben sich inzwischen typische, altersbedingte Änderungen bestimmter Blutwerte eingestellt. Unter anderem sind die Spiegel der so genannten »antioxidativen Enzyme« gesunken. Diese Enzyme schützen unter anderem die Zellwände vor so genannten »Freien Radikalen«, die Alterungsvorgänge auslösen oder beschleunigen. Fehlen diese Enzyme oder lässt ihre Aktivität nach, schreiten Alterungsprozesse schneller voran. Die hungernden Affen hingegen weisen bei den körpereigenen »Altersschutzenzymen« und bei allen anderen Blutuntersuchungen noch jugendliche Werte auf.

Vorsicht – Radikale

Durch die mit der Verdauung von Nahrung in Gang gesetzten Stoffwechselvorgänge entstehen so genannte »Freie Radikale«. Das sind aggressive Teilchen, die Körperzellen angreifen, Zellwände zerstören und sogar Schäden am Zellkern verursachen können. Freie Radikale beschleunigen Alterungsvorgänge und begünstigen zahlreiche Erkrankungen wie Krebserkrankungen, Herzinfarkt, Schlaganfall oder Trübungen der Augenlinse.
Die freien Radikale lassen sich durch so genannte »Antioxidantien« unschädlich machen. Zu den Antioxidantien zählen die Vitamine A, C und E und die Spurenelemente Selen und Zink. Auch verschiedene sekundäre Pflanzenstoffe, das sind Inhaltsstoffe, die nicht zu den Vitaminen zählen und ausschließlich in pflanzlichen Nahrungsmitteln vorkommen, haben »antioxidative Wirkungen«. Vor allem schwarzer und grüner Tee, Karotten-, Tomaten- und Traubensaft sowie Rotwein enthalten große Mengen dieser Pflanzenstoffe.

In der Biosphäre 2 war »Schmalhans« Küchenmeister

Nicht immer lassen sich die Ergebnisse, welche durch Tierexperimente gewonnen werden, auch auf Menschen übertragen. Allerdings existieren zahlreiche Hinweise, dass eine Kalorienreduktion auch die maximale Lebensspanne des Menschen verlängern kann. Wichtige Daten dazu lieferte das Experiment »Biosphäre 2«. Vierzig Meilen nördlich von Arizona wurde ein 150 Millionen Dollar teures »Glashaus«

»Schmalhans« Küchenmeister

in den achtziger Jahren des letzten Jahrhunderts errichtet. In dieser abgeschlossenen Welt sollten ihre Bewohner – Wissenschaftler aus verschiedenen Bereichen – die Funktionstüchtigkeit dieses künstlichen Ökosystems erproben. Die Ernährung für alle Projektteilnehmer sollte über Nahrungsmittel, die innerhalb des »Glashauses« produziert wurden, sichergestellt werden. Am 26. September 1991 bezogen vier Männer und vier Frauen zwischen 25 und 67 Jahren den riesigen Container aus Glas und Stahl in der Wüste von Arizona. Unter ihnen war auch der bekannte amerikanische Alternsforscher Roy Walford. Die Biosphäre beinhaltete verschiedene Ökosysteme wie einen Regenwald, Savanne, Ackerland und Wüstengebiete. Doch bereits nach kurzer Zeit stellte sich heraus, dass die produzierten Nahrungsmengen geringer ausfielen als erwartet, die Bewohner mussten längere Zeit mit relativ wenig Nahrung auskommen. Sie nahmen täglich etwa 1800 Kalorien auf, die Nahrung war überwiegend vegetarisch, nur einmal pro Woche gab es Fleisch, selten Milch oder Eier. Um einem Vitaminmangel vorzubeugen, erhielten die Biosphärenbewohner täglich die Vitamine A, B_{12}, C, E und Folsäure als Nahrungsergänzung. Anhand von zahlreichen Laboruntersuchungen stellte Walford fest, dass schon nach kurzer Zeit unter anderem der Cholesterinspiegel und der Blutzuckerspiegel – beides Risikofaktoren für vorzeitige Alterung und Arterienverkalkung – durch die Kalorienreduktion deutlich gesunken waren. Auffallend waren aber auch die Veränderungen im Immunsystem. Die Funktion der Lymphzellen (Lymphozyten) und der Neutrophilen – beides wichtige Abwehrzellen des Körpers – konnten durch die Kalorienreduktion verbessert werden. Das ist ein deutlicher Beweis dafür, dass sich die Abwehrkräfte durch Fasten steigern lassen.

Esse wenig – lebe länger

Walford hält sich inzwischen selber mit einer 1500-Kalorien-Jugend-Diät fit und fühlt sich, nach eigenen Angaben, »geistig wach wie nie, voller Energie und Lebensfreude«. Walford vertritt die Meinung, dass sich mit nur 1500 Kalorien täglich, bei gleichzeitig ausreichender Zufuhr von Vitaminen, Mineralstoffen und Aminosäuren, das Leben auf über 120 Jahre verlängern ließe und wir gleichzeitig länger leistungsfähiger und jugendlicher bleiben könnten.

Die Theorie Walfords wird von gesunden und fitten Hundertjährigen, die zu ihrer Lebensweise befragt wurden, bestätigt. In einer Untersuchung über die Ernährungsgewohnheiten an 217 Hundertjährigen gaben diese an, sie seien ihr Leben lang »schlechte Esser« gewesen (Franke). Die durchschnittliche Kalorienaufnahme der Hochbetagten lag – zumindest in den letzten Lebensjahrzehnten – zwischen 1200 und 1900 Kalorien täglich; Walford liegt mit seiner kalorienarmen Ernährung also genau in der Mitte. Auffallend ist auch, dass sehr alte und gesunde Personen meist untergewichtig sind und auch ihr Leben lang schlank waren.

Weniger Brennstoff für den Ofen

Es existieren zahlreiche Theorien, warum Fastentage oder eine Reduktion der Kalorienzufuhr verjüngend wirken. Ein Grund dafür könnte die Beeinflussung der Körpertemperatur sein. Die meisten Menschen frieren schneller, wenn Sie weniger essen oder Fastentage einlegen. Ursache dafür ist ein leichtes Absinken der Körperkerntemperatur, das heißt der Temperatur im Körperinneren. Diese beträgt normalerweise etwa 37 Grad Celsius. Aufrechterhalten wird die Temperatur durch Stoffwechselvorgänge, bei denen Wärme produziert wird. Wenn wir weniger essen, steht dem »körpereigenen Ofen« weniger »Brennstoff« zur Verfügung, die Körpertemperatur sinkt um etwa 0,3 bis 0,5 Grad Celsius ab. Durch diese, wenn auch nur geringfügig verringerte Körpertemperatur laufen zahlreiche Vorgänge im Körper – auch solche, welche die Alterung begünstigen – langsamer ab, Lebensenergie wird eingespart. Wahrscheinlich ist das einer der Mechanismen, über die Fasten lebensverlängernd wirkt.

Macht weniger Essen schlau?

Mäuse, die auf Diät gesetzt wurden, blieben auch im Alter lernfähiger. Die schmale Kost verhinderte ein altersbedingtes Nachlassen der Koordination und verbesserte die Lernfähigkeit.
Die Kontrollgruppe schnitt bei den Tests deutlich schlechter ab. Zudem zeigten die Hungermäuse auch beim Laufradtest bessere Leistungen – sie waren einfach bewegungsfreudiger als ihre satten Altersgenossen (Ingram et al., 1987).

So verzögert Fasten das Altern und verlängert das Leben

»Ein Narr ist, wer nicht weiß, dass wenig mehr ist als viel. Gesegnet das karge Mahl und der mäßige Trank«, das empfahl schon der griechische Dichter Hesiod. Um Ihnen den Einstieg in unser Fastenprogramm schmackhaft zu machen, möchten wir Sie noch einmal auf die zahlreichen Vorteile und verjüngenden Effekte unseres Programms hinweisen. Durch eine Reduktion der Kalorienzufuhr bessern sich zahlreiche Zivilisationskrankheiten: Schon nach kurzer Zeit sinkt der Blutdruck. In vielen Fällen können blutdrucksenkende Medikamente reduziert oder abgesetzt werden. (Das muss natürlich mit Ihrem Arzt abgesprochen werden!) Ebenfalls relativ rasch werden Sie ein Absinken des Blutzuckerspiegels feststellen können. Dadurch nimmt das Risiko an Diabetes zu erkranken ab. Auch der Blutfettspiegel wird sich in den meisten Fällen normalisieren. Langfristig kommt es deutlich seltener zu Gefäßverkalkungen und Herz-Kreislauf-Erkrankungen.

Während der Fastenphasen wird die altersbedingte Aktivitätsänderung zahlreicher Gene (Erbanlagen) günstig beeinflusst. Diese Erbanlagen steuern verschiedene Körperfunktionen und Stoffwechselvorgänge. Werden die Gene durch das Fasten wieder aktiver, kommt das der Leistungsfähigkeit des gesamten Organismus zugute.

Wenn wir weniger essen, sinkt die Körpertemperatur ab. Dadurch wird der Stoffwechsel verlangsamt und der Energieverbrauch gesenkt.

Auch die Abwehrkräfte verbessern sich während kürzerer Fastenphasen, die Abwehrzellen werden aktiver und können wirkungsvoller gegen Infekte und Tumorzellen vorgehen.

Stoffwechsel – aufs Fasten eingestellt

Der Stoffwechsel und damit der Kalorienverbrauch ist weder ein Leben lang konstant noch ist er bei allen Menschen gleich. Je nach Ernährungs- und Lebenssituation

Stoffwechsel – auf Fasten eingestellt

kann der Stoffwechsel mehr oder weniger Kalorien und damit Lebensenergie verbrauchen. In unserem Organismus herrscht das Prinzip von Angebot und Nachfrage. Wenn wir täglich sehr viele Kalorien zu uns nehmen, steigert der Stoffwechsel allmählich seinen Bedarf und verbrennt mehr Energie. Der Stoffwechsel wird außerdem angeregt durch Rauchen, durch Sport und körperliche Bewegung.

Umgekehrt schaltet die Energieverbrennung auf Sparflamme, wenn der Organismus über längere Zeit nur eine verringerte Kalorienmenge erhält. Dieser Energiespar-Mechanismus hat schon so manche Diätwillige zur Verzweiflung gebracht: Nach einigen Wochen Diät wollen die Pfunde einfach nicht mehr so schnell purzeln, denn der Körper hat sich umgestellt und kommt jetzt plötzlich mit weniger Kalorien aus. Doch dieses »Stoffwechsel-Sparprogramm« hat auch der Menschheit während Hungersnöten das Überleben gesichert. Nur so konnten Menschen in Zeiten knapper Nahrungsvorräte überleben. Nach einigen Wochen hatte auch hier der Organismus die »Notbremse« gezogen und dadurch in schlechten Zeiten ein Überleben mit zum Teil weniger als 1000 Kilokalorien ermöglicht.

Das Einschalten des »Stoffwechsel-Sparprogramms« schont aber auch langfristig unsere Energiereserven, weshalb eine Kalorienreduktion auch zur Lebensverlängerung genutzt werden kann. Eine Verringerung der Nahrungszufuhr oder auch regelmäßige Fastenkuren scheinen eine wirkungsvolle Möglichkeit zu sein, um länger zu leben. Neben einer Einsparung der Lebensenergie entstehen durch den verlangsamten Stoffwechsel weniger freie Radikale. Dadurch wird der Alterungsprozess verlangsamt. Die Abwehrkräfte verbessern sich, Krankheiten werden vom Organismus besser abgewehrt. Risikofaktoren wie Bluthochdruck, erhöhte Cholesterinwerte und hohe Blutzuckerspiegel normalisieren sich. Die Körpertemperatur sinkt während des Fastens, wodurch der Stoffwechsel weiter gedrosselt wird.

Kalorienreduktion verbessert die Abwehrkräfte

Genau wie bei uns Menschen werden die Abwehrkräfte auch bei alternden Mäusen schlechter. Vor allem die Abwehrkräfte, die gegen Viren und Tumorzellen gerichtet sind, lassen nach. Untersuchungen haben gezeigt, dass die Abwehrkräfte bei einer Gruppe von Mäusen auch im Alter besser waren, wenn sie weniger zu futtern bekamen.
Durch eine Kalorienreduktion konnte(n)
- Tumorerkrankungen verhindert oder deren Beginn verzögert werden,
- die Abwehrkräfte gegen Viruserkrankungen gestärkt werden,
- die Produktion von Abwehrstoffen (Antikörper) angekurbelt werden,
- die Zahl und die Schlagkraft von Abwehrzellen (T-Lymphozyten) verbessert werden.

Effros et al., 1991

Schützt Fasten vor Krebs?

Schon regelmäßig durchgeführte kalorienarme Tage können ein Gewinn für die Gesundheit sein. Möglicherweise verringern bereits einige Fastentage im Jahr sogar das Krebsrisiko und eventuell bilden sich sogar Krebszellen wieder zurück. Zumindest im Tierversuch konnte das jetzt von einer Wiener Forschungsgruppe, die am Institut für Tumorbiologie tätig ist, nachgewiesen werden. Schulte-Hermann und seine Kollegen ließen einen Teil der Laborratten entweder acht Tage völlig fasten oder die Tiere erhielten über drei Monate nur 60 Prozent der üblichen Kalorienzufuhr. Untersucht wurde das Lebergewebe, von dem regelmäßig ein gewisser Teil durch den normalen Zelltod zugrunde geht. Auffallend war, dass während der Fastenkur überwiegend Leberzellen, die bereits in der Umwandlung zu Krebszellen begriffen waren, abstarben.

So wenig Kalorien sind genug

Vielleicht sind Sie nun neugierig geworden und möchten selber von den Effekten einer Kalorienreduktion profitieren. Um die Gesamtkalorienmenge zu verringern, stehen Ihnen verschiedene Möglichkeiten zur Verfügung:
- Kleinere Portionen bei jeder Mahlzeit
- Streichen des Frühstücks (Breakfast-Cancelling)
- Streichen des Abendessens (Dinner-Cancelling)
- Ein Fastentag pro Woche
- Drei Fastentage pro Monat
- Dreimal jährlich eine Fastenwoche

Für welche Möglichkeit Sie sich entscheiden, hängt vor allem von Ihrer persönlichen Entscheidung ab. Wichtig ist einzig und alleine, dass Sie langfristig und regelmäßig weniger essen. Sie sollten dabei insbesondere darauf achten, dass Sie die eingesparten Kalorien nicht bei anderen Mahlzeiten wieder hinzufügen.

Wenn Sie sich dazu entschließen, insgesamt weniger zu essen – das ist allerdings für die meisten Menschen die

Methode, die am schwersten durchzuhalten ist –, müssen Sie zunächst Ihre individuelle Kalorienmenge herausfinden. Diese ist abhängig von Ihrer Körpergröße, von Ihrem Körpergewicht und von Ihrer Arbeitsbelastung. Wissenschaftler, welche die positiven Effekte der Kalorienreduktion erforschen, empfehlen eine tägliche Energieaufnahme zwischen 1500 und 2200 Kalorien. In diesem Bereich sollte auch Ihre tägliche Kalorienmenge liegen. Wichtig ist aber, dass Ihr Gewicht (bezogen auf Ihre Größe) nicht unter die in unserer Richtwertetabelle (siehe Anhang 1) angegebene Gewichtsgrenze fällt. Sollte dies geschehen, müssen Sie die tägliche Kalorienmenge schrittweise erhöhen.

Bitte beachten Sie!

Unsere Vorschläge zur Kalorieneinsparung sind ausschließlich für gesunde erwachsene Personen gedacht. Sie sind nicht geeignet für Kinder, Jugendliche, Schwangere und stillende Mütter. Diese benötigen eine größere Kalorienmenge. Unsere Vorschläge sind auch nicht für Magersüchtige und Bulimiekranke geeignet. Personen, die unter einer anderen Krankheit leiden, sollten vorher die Zustimmung des Hausarztes einholen.

Wenn Sie wenig essen, muss die Mischung stimmen

Sie müssen kein Ernährungswissenschaftler sein, um sich ausgewogen zu ernähren. Dennoch kommt es bei einer reduzierten Kalorienaufnahme weitaus mehr als bei einer »normalen« Kalorienzufuhr auf die Zusammensetzung

der Ernährung an, damit kein Nährstoffmangel entsteht. Folgende Tipps und Daumenregeln sollen Ihnen helfen, auch bei reduzierter Kalorienzufuhr kein Hungergefühl aufkommen zu lassen und Ihre Vitalstoffversorgung zu optimieren:
- Das richtige Verhältnis der Grundnährstoffe beachten.
- 3 : 1-Prinzip bei Kohlenhydraten und Eiweiß einhalten.
- Halb roh – halb gekocht essen.
- Besser langsame als schnelle Kohlenhydrate verwenden.
- Fettzwerge statt Fettriesen bevorzugen.
- Vitalstoffe ergänzen.

Das richtige Verhältnis der Grundnährstoffe

Etwa 50–55 Prozent der aufgenommenen Kalorien sollten aus kohlenhydrathaltigen Nahrungsmitteln wie Obst, Gemüse, Brot und anderen Vollkornprodukten, Reis, Nudeln, Kartoffeln bestehen.

Maximal 20–25 Prozent der Nahrungskalorien sollten in Form von Fett aufgenommen werden. Beachten Sie dabei bitte auch die versteckten Fette in Wurst, Käse, Eiern, Schokolade und Kuchen.

Pro Kilogramm Körpergewicht sollten Sie etwa ein Gramm Eiweiß aufnehmen. Eiweiß ist vor allem in Fisch, Fleisch, Milch- und Sojaprodukten enthalten.

Diese Nährstoffverteilung halten Sie in etwa ein, wenn Sie – bei einer Kalorienzufuhr von 1700 kcal – Ihre Ernährung wie folgt zusammenstellen:

Esse wenig – lebe länger

Täglich:

- 6 Portionen (à 100 kcal.) aus der Gruppe Obst und Gemüse.
- 5 Portionen (à 100 kcal.) aus der Gruppe Vollkornprodukte.
- 4 Portionen (à 100 kcal.) aus der Gruppe Milch und Käse.
- 2 Portionen (à 100 kcal.) aus der Gruppe Fisch, Fleisch, Wild und Geflügel.

(Vorschläge für 100 kcal. Portionen aus den einzelnen Gruppen finden Sie im Anhang.)

Das 3 : 1-Prinzip bei Kohlenhydraten und Eiweiß

Um Hungergefühle zu vermeiden und die Ernährung ausgewogen zu gestalten, ist es zunächst wichtig, die Nährstoffe Kohlenhydrate (Kartoffeln, Nudeln, Reis, Brot) und Eiweiß (Fleisch, Fisch, Wurst, Eier, Milchprodukte, Tofu) ins richtige Verhältnis zu setzen. Kohlenhydrathaltige Nahrungsmittel liefern wichtige Mineralstoffe und bewirken – durch ihren hohen Faseranteil – eine gute und lang anhaltende Sättigung. Zudem enthalten kohlenhydrathaltige Nahrungsmittel meist weniger Kalorien als die Eiweißlieferanten Fleisch und Wurst. Die Mahlzeit sollte deshalb zu drei Teilen aus Kohlenhydraten und höchstens zu einem Teil aus Eiweiß bestehen. Die Portion kohlenhydrathaltiger Beilagen sollte dreimal so groß sein wie die eiweißhaltige Portion – so die einfache Regel. Wird dieses Prinzip bei allen Mahlzeiten angewandt, nehmen die meisten Menschen bereits weniger Kalorien zu sich, als mit der bisherigen Nahrung. Ist der Hunger mal nicht so groß, müssen beide Anteile – Beilage und eiweißhaltiges Hauptgericht – entsprechend verkleinert werden, damit das Nährstoffverhältnis wieder stimmt.

Halb roh – halb gekocht = gut versorgt

Doch wie steht es mit der Vitaminversorgung bei einer kalorienreduzierten Ernährung? Wir empfehlen, einen großen Teil der Nahrung in Form von pflanzlichen Produkten aufzunehmen, denn hier ist die Vitalstoffdichte besonders hoch, das heißt, das Verhältnis zwischen Vitaminen, Mineralstoffen und Spurenelementen und Kalorien ist besonders günstig.

Wer täglich, wie von uns empfohlen, mindestens sechs Portionen möglichst verschiedener Obst-, Salat- und Gemüsesorten zu sich nimmt, kann relativ sicher sein, dass er damit die wichtigsten Vitalstoffen erhält – vorausgesetzt die pflanzliche Kost ist einigermaßen frisch. Im Winter oder bei Obst und Gemüse, welches lange gelagert wurde, ist das allerdings nicht immer der Fall. Achten Sie deshalb auf die Qualität der Nahrungsmittel. Das Gemüse sollte knackig sein, der Salat darf seine Spannkraft noch nicht eingebüßt haben – dann sind in den meisten Fällen auch noch relativ viele Vitalstoffe enthalten. Hängen die Blätter allerdings müde herunter, ist das Gemüse verkocht und hat der Salat bereits braune Ränder, reicht der Vitalstoffgehalt nicht mehr aus. Da einige Vitamine nach dem Zerteilen der Früchte oder Gemüse relativ schnell durch den Kontakt mit dem Luftsauerstoff zerstört werden, sollten die Speisen möglichst frisch zubereitet werden. Nicht immer müssen es aber sechs Portionen Rohkost sein. Wer sich optimal ernähren will, sollte nach dem Motto »halb roh – halb gekocht« essen. Einige Stoffe können nämlich aus gekochten Nahrungsmitteln viel besser aufgenommen werden. Betacarotin, eine Vitamin-A-Vorstufe, können wir aus rohen Karotten nur zu etwa zehn Prozent aufnehmen, da die Zellwände des rohen Gemüses so fest sind, dass die Vitalstoffe nicht ausreichend freigesetzt werden können. Bei gekochten Möhren hingegen können wir das wichtige Karotin vollständig verwerten. Ähnlich steht es mit Tomaten. Niemand muss deshalb ein schlechtes Gewissen haben, wenn Nudeln mit Tomatensoße zu den Lieblingsgerichten zählen oder die Ketchup-Flasche immer in Reichweite steht. Der vitaminähnliche Wirkstoff Lycopin kann nämlich aus gekochten Tomaten und Tomatenprodukten viel besser aufgenommen werden, als aus dem rohen Gemüse.

Langsame Kohlenhydrate wirken länger

Die Beilagen sollten zum größten Teil aus so genannten »langsamen« Kohlenhydraten bestehen. »Langsame« Kohlenhydrate sind vor allem in Vollkornbrot, Hülsenfrüchten, Kartoffeln, Obst und Gemüse enthalten. Aus diesen gelangt der Zucker nur ganz allmählich ins Blut, der Blutzuckerspiegel steigt nur langsam an – das verhindert rasche Ermüdung nach dem Mittagessen und sorgt für eine lang anhaltende Sättigung. Je langsamer der Zucker ins Blut gelangt, desto länger hält das Sättigungsgefühl an – und das ist ein wichtiger Aspekt bei der kalorienreduzierten Kost.

Eine ideale Beilage für Energiebewusste sind die oft zu Unrecht als »Dickmacher« verschrienen Nudeln. Nudeln, selbst die aus Weißmehl hergestellten, enthalten so genannte »resistente Stärke«. Durch Herstellung und Trocknung der Nudeln werden die Kohlenhydrate in den Teigwaren so verändert, dass sie von unserem Organismus nicht vollständig verarbeitet werden können. Ein Teil der »Nudelkalorien« fällt deshalb gar nicht ins Gewicht. Vorsicht ist schon eher bei den Nudelsoßen geboten, die meist sehr viel Fett enthalten.

So bekommen Sie Ihr Fett weg

Es gibt verschiedene Möglichkeiten, Kalorien und damit auch Energie einzusparen. Die für die meisten wohl einfachste Lösung ist es, zunächst einige sehr fettreiche Nahrungsmittel gegen gleichwertige fettarme Produkte auszutauschen. Fett ist in unseren Nahrungsmitteln nämlich mehr als reichlich enthalten. So nehmen wir etwa 30 bis 40 Prozent der täglichen Kalorien in Form von Fett auf – Übergewicht und gesundheitliche Probleme sind die Folge. Anders ernähren sich die meist schlanken Asiaten. Sie nehmen nur etwa 15 Prozent ihrer täglichen Kalorienzufuhr in Form von Fett auf – Kohlenhydrate und Eiweiß spielen bei den Mahlzeiten der Japaner und Chinesen die Hauptrolle.

Oft ist in einer Mahlzeit schon mehr Fett enthalten, als wir pro Tag aufnehmen sollten. So enthält eine Bratwurst mit Pommes frites und Mayonnaise fast 70 Gramm Fett, zwei Nussecken schlagen mit 80 und eine Dose gerösteter Erdnüsse sogar mit 100 Gramm zu Buche. Schauen Sie sich

Esse wenig – lebe länger

doch einmal unsere Beispiele für ein fettreiches und ein fettarmes Frühstück sowie die Übersicht »Fettriesen und Fettzwerge« (im Anhang) an. Sie werden staunen, wie einfach es ist, Fettkalorien einzusparen.

Fettreiches Frühstück:

Zwei Croissants, 20 g Butter, ein Ei, 2 TL Nuss-Nougat-Creme und einen Becher Kakao.
Fettgehalt: 91 Gramm.

Fettarmes Frühstück:

Zwei Vollkornbrötchen, 20 g Streichrahm, zwei Scheiben fettarmen Schnittkäse mit 20 % Fett, 2 TL Honig und eine Tasse Tee.
Fettgehalt: 10 Gramm.

Da ein Gramm Fett 9 Kalorien liefert, sparen Sie beim fettarmen Frühstück 81 Gramm Fett, das sind 729 Fettkalorien.
Fettriesen, die sich ganz einfach durch fett- und kalorienarme Fettzwerge ersetzen lassen, finden Sie im Anhang.

Vitalstoffe ergänzen

Bei einer kalorienreduzierten Ernährung muss besonders auf die Zusammensetzung der Nahrungsmittel geachtet werden. Vor allem pflanzliche Nahrungsmittel sowie magerer Fisch liefern wichtige Vitalstoffe, die uns vor Altersvorgängen schützen können. Nahrungsmittel, die Ihnen bei der kalorienreduzierten Kost wichtige Biostoffe liefern, sind beispielsweise Zitrusfrüchte und Johannisbeeren (Vitamin C), Aprikosen und Möhren (Vitamin A, Betacarotin), Erdnüsse, Mandeln, Weizenkeime und kaltgepresste Speiseöle (Vitamin E, Folsäure, Vitamin B_6), Fisch, mageres Fleisch, Getreideprodukte (Selen, Zink, Vitamin B_6 und B_{12}).

Dennoch ist nicht immer sicher, ob die Nahrungsmittel, die wir im Supermarkt kaufen, noch alle Vitalstoffe enthalten. Das hat verschiedene Gründe:

- Wir kaufen Obst und Gemüse, das schon lange gelagert wurde. Nach der Ernte gehen dem Obst aber täglich Vitamine verloren.
- Wir kochen die meisten Nahrungsmittel vor dem Verzehr. Es ist bekannt, dass durch das Erhitzen wichtige Vitamine zerstört werden.
- Hohe Schadstoffkonzentrationen in der Luft, falsche Ernährung, Zigarettenrauch, sportliche Betätigung und Stress sind nur einige Belastungssituationen, durch die der Bedarf an bestimmten Vitaminen (Antioxidantien) erhöht wird.

Besonders, wenn die Kalorienaufnahme durch Fastentage verringert ist, kann es notwendig sein, die tägliche Nahrung durch Einnahme von Vitaminen, Mineralstoffen und Spurenelementen zu ergänzen.

Wir empfehlen Ihnen folgende Kombination als tägliche Nahrungsergänzung

Vitamin A	1× tgl. 5000 IE zu den Mahlzeiten (Schwangere dürfen kein Vitamin A einnehmen)
Vitamin C	2× tgl. 250 mg

Esse wenig – lebe länger

Vitamin E	1× tgl. 400 IE zu einer Mahlzeit
Folsäure	1× tgl. 600 µg
Vitamin B_1	1× tgl. 5 mg
Vitamin B_2	1× tgl. 5 mg
Vitamin B_3	2× tgl. 25 mg
Vitamin B_6	1× tgl. 10 mg
Vitamin B_{12}	1× tgl. 100 µg
Selen	1× tgl. 50 µg
Zink	1× tgl. 12–15 mg
Magnesium	1× tgl. 400 mg vor dem Schlafengehen
Kalzium	2× tgl. 500 mg

Weitere Empfehlungen für die Vitalstoffsubstitution in besonderen Situationen finden Sie im Anhang.

Herzinfarkt nach Festmahl

Ein Herzinfarkt kann durch Völlerei ausgelöst werden. Mediziner vom Brigham and Women's Hospital in Boston befragten 2000 Herzinfarktpatienten. 158 Betroffene gaben an, am Tag vor dem Infarkt ungewöhnlich viel gegessen zu haben.

»Die Welt«, 6.12.2000

Fünf Mahlzeiten täglich lassen Sie schneller altern

Wenn Sie langfristig weniger Kalorien aufnehmen und dadurch Lebensenergie einsparen wollen, müssen Sie Ihren Stoffwechsel einen Gang runterschalten. Sie können dazu

Fünf Mahlzeiten täglich

natürlich einfach die täglich aufgenommene Kalorienzahl reduzieren, indem Sie zu den einzelnen Mahlzeiten etwas weniger essen. Das fällt den meisten Menschen aber erfahrungsgemäß nicht leicht. Zudem lassen sich dabei die tatsächlich aufgenommenen Kalorien nur schwer einschätzen. Selbst der amerikanische Altersforscher Roy Walford, der die verjüngende Wirkung des Fastens untersucht hat, gibt zu, dass auch er nicht immer ein tägliches »Fastenprogramm« oder ständiges »FdH« durchhalten kann. Die Gesamtkalorienzahl lässt sich meist leichter reduzieren, wenn einzelne Mahlzeiten gestrichen werden.
Bisher wurde empfohlen, fünf kleine Mahlzeiten über den Tag verteilt einzunehmen. Dieses Essverhalten vertreibe den Hunger, mache dadurch schlank und gesund. Wahrscheinlich stimmt das – außer für Patienten, die unter Zuckerkrankheit oder anderen chronischen Erkrankungen leiden – so nicht. Häufige Mahlzeiten verhindern nämlich die Ausschüttung der verjüngend wirkenden Wachstumshormone. Fasten bzw. das Ausfallen lassen von Mahlzeiten wirkt sich hingegen günstig auf unser Hormonsystem aus: Nur während längerer Nüchternphasen sinkt der Blutzuckerspiegel und dadurch auch der Spiegel des blutzuckersenkenden Insulins ab. Insulin, das immer dann von der Bauchspeicheldrüse abgegeben wird, wenn wir etwas essen, hemmt die Ausschüttung von Wachstumshormonen. Nüchternheit und ein niedriger Insulinspiegel hingegen veranlasst den Körper, das Wachstumshormon (Somatotropes Hormon – STH) freizusetzen. Wenn wir fasten, werden Wachstumshormone von der Hirnanhangdrüse abgegeben. Diese sind in unserem Organismus wahre Tausendsassas, was ihre verjüngende Wirkung angeht. Bereits 1990 konnte der amerikanische Arzt Dr. Rudman

nachweisen, dass unter dem Einfluss der Wachstumshormone
- die Muskelmasse zunimmt,
- Fettpölsterchen abgebaut werden,
- das Immunsystem gestärkt wird,
- die Haut straffer wird,
- Falten wieder glatt werden,
- die Knochendichte zunimmt.

Durch Streichen einzelner Mahlzeiten sparen Sie nicht nur Energie, sondern Sie verlängern auch die Nüchternphasen und verbessern so die Ausschüttung der Wachstumshormone. Den besten »Verjüngungseffekt« erzielen Sie dabei, wenn Sie das Abendessen oder das Frühstück ausfallen lassen (dinner- oder breakfast-cancelling) oder gelegentlich Fastentage einhalten.

Lerchen frühstücken, Eulen essen abends

Ob Sie besser die morgendliche oder die abendliche Mahlzeit ausfallen lassen, hängt davon ab, ob Sie den Biorhythmus einer Eule oder einer Lerche haben. Menschen, die gerne lange schlafen und morgens schlecht in Gang kommen, haben meist am Vormittag weniger Hunger. Sie können oft leichter auf das Frühstück verzichten. Diese »Nachteulen« werden erst gegen Abend richtig aktiv und legen deshalb mehr Wert auf das Abendessen. Ganz anders sieht es bei den »Lerchen« aus: Lerchenmenschen springen schon morgens fit und energiegeladen aus dem Bett. Das Frühstück gehört für sie zu einem guten Start in den Tag einfach dazu, dafür können die Lerchen oft leichter auf das Abendessen verzichten. Für welche Möglichkeit Sie sich entscheiden, hängt ganz allein von Ihren persönlichen Vorlieben ab.

Eine weitere Möglichkeit, Energie einzusparen und gleichzeitig den Wachstumshormonspiegel anzuheben sind Fastentage. Je nach persönlichen Vorlieben können wöchentlich ein einzelner Fastentag oder pro Monat drei Fastentage in Folge durchgeführt werden.

Breakfast-Cancelling

Vor allem »Eulenmenschen« können meist gut auf das Frühstück verzichten, Breakfast-Cancelling, das Streichen des Frühstücks ist für sie ideal. Wichtig ist, dass Sie aber dennoch ausreichend trinken. Etwa ein Liter Tee, Mineralwasser oder Malzkaffee sollten am Vormittag getrunken werden. Auch eine Tasse Milchkaffee oder ein Glas Saft kann den Start in den Tag erleichtern. Wer sich erst einmal langsam an das Breakfast-Cancelling gewöhnen möchte, kann auch zunächst mit einem Obstfrühstück beginnen. Dabei dürfen über den Vormittag verteilt bis zu 300 Gramm Obst, vor allem Äpfel, Birnen, Erdbeeren, Pfirsiche oder Kiwis verzehrt werden. Vorteil des Obstfrühstücks: Obst ist fettfrei und liefert keine schwer verdaulichen Fettkalorien, der Kaloriengehalt liegt deutlich unter dem eines normalen Frühstücks, dennoch ist der Magen nicht leer.

Dinner-Cancelling

Eine andere Möglichkeit, Energie zu sparen, ist der Verzicht auf das Abendessen. »Das Abendessen überlasse deinen

Esse wenig – lebe länger

Feinden«, lautet ein altes chinesisches Sprichwort. Vielleicht wusste man schon damals von den zahlreichen gesundheitsfördernden Wirkungen, die das Streichen der abendlichen Mahlzeit haben kann.
Geeignet ist das Dinner-Cancelling vor allem für »Lerchenmenschen«. Diese erfolgreiche Methode der Lebensverlängerung praktiziert unter anderem der frühere Wiener Erzbischof, Kardinal König, der mit 90 Jahren noch körperlich und geistig überaus vital ist. Von ihm wird berichtet, dass er das »Dinner-Cancelling-Konzept« seit seinem 50. Lebensjahr praktiziert. Der Kardinal reduziert sein Dinner auf einen gerösteten Apfel mit etwas Honig – eingenommen zwischen 18 und 19 Uhr. Dieses »Dinner« enthält gerade so viel Zuckermoleküle, dass der Schlaf nicht unter der Nahrungskarenz leidet. Das eigentliche Abendessen wird »gecancelt – ersatzlos gestrichen« (Huber/ Worm, 1998). Wichtig ist dabei, dass Sie am nächsten Morgen keine doppelte Frühstücksportion zu sich nehmen. Dadurch würde der Spareffekt aufgehoben werden.

Ein Fastentag pro Woche – kein Problem

Für die meisten Menschen ist es sehr schwer, die tägliche Kalorienzufuhr zu senken. Leichter ist es dagegen, während der Woche normal zu essen und am Wochenende einen Tag zu fasten. Auch dadurch lässt sich die pro Woche aufgenommene Gesamtkalorienzahl verringern. Nach diesem Prinzip lebt der amerikanische Alternsforscher Walford schon seit Jahren und fühlt sich wohl dabei. Durch den einen Fastentag kann er sich während der ganzen Woche normal ernähren und spart dennoch Kalo-

rien. Natürlich dürfen Sie am nächsten Tag die zuvor eingesparten Kalorien nicht zusätzlich verkonsumieren. Wer nach diesem Prinzip ein Jahr lebt, der spart Energie in einem Umfang von 104 000 bis 156 000 Kalorien. Das ist so, als hätten Sie siebeneinhalb Wochen an einem Stück gefastet.
Eingeschobene Fastentage sind für gesunde Menschen unbedenklich und in fast allen Religionen bekannt. So kennt z. B. die katholische Kirche im Jahresverlauf zahlreiche Fasten- und Abstinenztage. Die Moslems nehmen während des Ramadan mehrere Wochen tagsüber keine Nahrung zu sich. Auch bei den Juden und Buddhisten spielen Fastenzeiten eine wichtige Rolle. Leider halten sich nur noch wenige an diese Gebote. Den meisten Menschen ist die religiöse Bedeutung dieser Tage gleichgültig, die gesundheitlichen Vorteile haben sie leider noch nicht erkannt.

Fasten kann fast jeder

Einen Tag oder eine Woche fasten kann jeder, der gesund ist. Eine Zeit lang ohne Nahrung auszukommen, ist für unseren Organismus kein Problem. Durch regelmäßiges Fasten kann die Gesamtkalorienaufnahme gesenkt werden. Unser Körper ist durchaus auf regelmäßige Fastenzeiten eingestellt, denn bevor Kühlschrank und Vorratskammer erfunden wurden, gab es häufig Perioden, in denen die Nahrung knapp wurde. Anders als bei einer kalorienreduzierten Diät, bei der den meisten ständig der Magen knurrt, verschwindet beim Fasten das Hungergefühl nach ein bis zwei Tagen. Neben einem Gewichtsverlust, der für die meisten Fastenden an erster Stelle steht, wird auch der Energieverbrauch langfristig gesenkt, die Stoffwechselaktivität verlangsamt sich, Alterungsvorgänge werden gebremst, Lebensenergie eingespart. Wer sich zum Fasten entscheidet, wird noch weitere positive Veränderungen bemerken. Zu erwähnen sind hier vor allem eine Entlastung des Herz-Kreislauf-Systems, eine Körperreinigung und eine Aktivierung des Immunsystems. Auch die mentale Seite darf nicht außer Acht gelassen werden. Der Organismus ist beim Fasten entspannungsbereiter, in dieser Zeit lassen sich autogenes Training oder andere Entspannungsmethoden am besten lernen. Das Stressniveau sinkt. Durch Fasten bekommen die Begriffe Verzichten und Genießen eine neue Bedeutung und auch das Selbstbewusstsein profitiert von der vollbrachten Leistung.

Wenn Sie sich für eine mehrtägige Fastenkur entscheiden:

- Wählen Sie den richtigen Zeitpunkt aus. Beruflich oder privat sehr angespannte Phasen sind nicht geeignet. Auch bei akuten Erkrankungen ist strenges Fasten nicht angebracht, bei chronischen Krankheiten sollten Sie zuvor einen Arzt um Rat fragen.
- Verzichten Sie auf feste Nahrung.
- Trinken Sie mindestens zwei, besser drei Liter Wasser, Tee, Gemüsebrühe oder Säfte. Trinken Sie mehr, als der Durst verlangt.
- Fördern Sie die Ausscheidung. Besuchen Sie, wenn Sie es gewöhnt sind, ruhig weiterhin die Sauna. Auch Bewegung in Maßen ist erlaubt, aber überanstrengen Sie sich in dieser Zeit nicht. Wir empfehlen Ihnen die peripatetische Meditation.
- Ziehen Sie sich dicker an. Die meisten Menschen frieren, wenn sie fasten.

Fasten – Runderneuerung für den Körper

Längeres Fasten bewirkt umfassende Veränderungen, die den gesamten Organismus mit einbeziehen:

Gehirn:

Auch der Kopf schaltet beim Fasten ab. Merkfähigkeit und Konzentration lassen nach. Allerdings bemerken einige Fastende, dass sie in dieser Zeit kreativer sind.

Augen:

Während des Fastens kann die Sehschärfe herabgesetzt sein, die Schrift beim Lesen etwas verschwimmen. Grund dafür ist der erniedrigte Augendruck. Vorsicht beim Autofahren! Nach dem Fasten normalisiert sich die Sehfähigkeit wieder, manche geben sogar an, jetzt besser zu sehen als vorher.

Verdauungsorgane:

Der »knurrende« Magen verstummt schon nach ein oder maximal zwei Tagen. Das Hungergefühl verschwindet, weil sich der Organismus nun von seinen Reserven ernährt. Fasten fällt deshalb meistens leichter, als einfach nur »weniger zu essen«.

Herz-Kreislauf-System:

Der Blutdruck ist niedriger, deshalb morgens nicht zu schnell aus dem Bett springen. Besser: Nach dem Aufstehen duschen, für leichte Bewegung sorgen.

Urin:

Der Urin kann zeitweise dunkler werden und penetrant riechen. Wichtig ist, dass Sie mehr trinken, als der Durst verlangt.

Haut:

Die Haut ist während des Fastens trockener, der Schweiß riecht streng und unangenehm. Duschen Sie jetzt öfters, anschließend sehr gut eincremen. Nach der Fastenkur ist die Haut deutlich glatter, zarter.

Mund:

Die Zunge kann stärker belegt sein, manchmal ist der Belag auch dunkelgelb bis braun. Der Geschmack ist fade, stärkerer Mundgeruch kann auftreten. Putzen Sie sich mehrmals täglich die Zähne, verwenden Sie mehr Mundwasser als sonst, kauen Sie auf einer Zitronenscheibe. Das regt den Speichelfluss an, Mundgeruch verschwindet.

Gewicht:

Ein häufiger Grund, eine Fastenkur zu beginnen, ist natürlich der Gewichtsverlust. Zu Beginn schmelzen die Pfunde scheinbar nur so dahin. Der anfängliche Gewichtsverlust beruht aber zum größten Teil auf Wasser- und Salzverlusten. Seien Sie deshalb nicht enttäuscht, wenn die Gewichtsabnahme nach einigen Tagen nicht mehr so schnell vorangeht. Um ein Kilo Fettgewebe zu verlieren, müssen sie 6000 bis 7000 Kalorien einsparen, d. h. mindestens drei bis vier Tage fasten. Da nach einer

Fastenkur auch der Stoffwechsel längere Zeit auf Sparflamme läuft und weniger Kalorien verbraucht, nehmen die meisten nach einer »Null-Diät« schnell wieder zu, wenn sie wieder essen wie zuvor.

Stoffwechsel:

Der Organismus schaltet vom aufbauenden, anabolen Stoffwechsel auf eine abbauende, katabole Stoffwechsellage. Fettgewebe wird abgebaut (Lipolyse), aber auch Eiweiß, das vor allem in der Muskulatur gespeichert ist, geht zu einem gewissen Teil verloren. Durch mäßige Bewegung können Sie den Abbau der Muskelmasse verringern. Als Nebenprodukte beim Abbau der »Fettpolster« entstehen die so genannten Ketonkörper, wie zum Beispiel Acetessigsäure und Hydroxybuttersäure. Der Azetongeruch dieser Stoffwechselprodukte trägt zum beißenden Geruch des Fastenden bei. Ketonkörper können im Urin nachgewiesen werden.

Achtung – bei Gicht kann Fasten schmerzhaft werden

Eine Sache bedarf der besonderen Vorsicht: Die Harnsäure im Blut steigt während des Fastens an. Personen, die zu Gicht neigen, sollten deshalb besonders vorsichtig sein. Ursache dafür ist der verstärkte Zellabbau. Übersteigt der Harnsäurespiegel den Grenzwert von 6,5–7 mg/dl, droht ein schmerzhafter Gichtanfall. Wer zu erhöhter Harnsäure neigt, muss während des Fastens mindestens 2,5, besser 3 Liter täglich trinken. Medikamente zur Behandlung erhöhter Harnsäurewerte müssen weiterhin eingenommen werden. Nach einer Woche Fasten sinkt der Harnsäurespiegel allmählich wieder ab.

Noch ein paar Worte zu Genussmitteln

Koffein braucht Kalorien:

Das am weitesten verbreitet Genussmittel ist sicherlich der Kaffee. Vor allem die anregende Wirkung des darin enthaltenen Koffeins wird von den meisten geschätzt. 70 bis 150 mg Koffein sind in jeder Tasse enthalten. Doch mit einer Tasse Kaffee täglich kommen die wenigsten Kaffeetrinker aus, denn die anregende Wirkung lässt fast so schnell nach, wie sie eingetreten ist. Etwa 30 Minuten nach dem Kaffeegenuss erreicht das Koffein schon seine maximale anregende Wirkung, nach 3 bis 6 Stunden ist die Hälfte wieder abgebaut. Bei Rauchern lässt die Wirkung übrigens deutlich schneller nach – möglicherweise sind deshalb die meisten starken Raucher auch exzessive Kaffeetrinker.
Doch Koffein macht nicht nur wach, es regt auch den Stoffwechsel an und erhöht dadurch den Kalorienverbrauch. Diese stoffwechselstimulierende Wirkung des Kaffees wird auch als »thermogener Effekt« bezeichnet. Durch die vom Koffein angeregte Thermogenese wird der Fettabbau (Lipolyse) des Körpers stimuliert. Aus den körpereigenen Reserven wird zusätzliche Energie freigesetzt.

Wer nicht mehr raucht, spart Energie:

Fast jeder Raucher hat ein Argument zur Hand, um zu begründen, warum er nicht mit dem Rauchen aufhören kann: Ich werde dann zu dick. Tatsächlich nehmen die meisten

Ex-Raucher zu. In einer großen Studie wurde dieses bekannte Phänomen der Gewichtzunahme und der Appetitsteigerung bei ehemaligen Rauchern untersucht. Bei der Untersuchung von 5000 Personen stellte sich heraus, dass Ex-Raucher zehn Jahre, nachdem sie den Glimmstängel zur Seite gelegt hatten, deutlich mehr Gewicht auf die Waage brachten. Bei Männern führte das zu einer Gewichtszunahme von 4,4 Kilogramm, Frauen nahmen etwa 5 Kilo zu. Für die meisten Raucher ist die ungewollte Gewichtszunahme ein Hauptgrund, weiter zu paffen. Doch warum nimmt man zu? Schuld daran ist der Stoffwechsel, der durch die Inhaltsstoffe der Zigarette massiv angekurbelt wird. Jede Zigarette erhöht den Kalorienverbrauch und trägt zur Verschwendung der Lebensenergie bei. Die Gewichtszunahme ist nur ein Zeichen dafür, dass sich der Stoffwechsel nach Beendigung des Rauchens allmählich wieder beruhigt und einen Gang zurückschaltet. Das ist im Prinzip ein gutes Zeichen. Wenn Sie nach Aufgabe des Rauchens unsere Tipps beherzigen, müssen Sie keine Angst vor überflüssigen Pfunden haben.

Das Wichtigste in Kürze

1. Die einzige Methode, die bei Säugetieren und beim Menschen nachweislich sowohl das Altern verlangsamen, als auch das Leben verlängern kann, ist eine Reduktion des Energieverbrauchs und eine Verlangsamung der Stoffwechselaktivität durch Einschränkung der Kalorienzufuhr.
2. Die Reduktion der Kalorienzufuhr kann erfolgen durch Beschränkung der Nahrungsmenge für die einzelnen

Mahlzeiten, durch Wegfall von Mahlzeiten (Frühstück oder Abendessen) oder durch gelegentlich eingeschaltete Fasttage.

3. Bei einer Reduzierung der Nahrungsmenge ist besonderer Wert auf die Zusammensetzung der Nährstoffe zu legen. Eine Ergänzung der Nahrung mit Vitaminen, Mineralstoffen und Spurenelementen sollte erfolgen.

4. Die Kalorienreduktion ist Kindern und Jugendlichen, die sich noch in der Wachstumsphase befinden, sowie Schwangeren, nicht zu empfehlen. Sie ist auch nicht geeignet für Magersüchtige und Bulimiekranke. Personen mit anderen Krankheiten sollten vorher ihren Arzt konsultieren.

4. Kapitel

In diesem Kapitel erfahren Sie,

• wie Sie mit Gelassenheit Energie sparen können

• warum Wunden in den Ferien besser heilen

• weshalb Entspannung Sie klüger macht

• warum faul sein Ihr Immunsystem stärkt

• welche Bedeutung Müßiggang für Ihre Gesundheit hat

• wie Sie Anspannung und Stress mindern können

Faulheit und Müßiggang sind der Gesundheit Anfang

> »Manchmal sitze ich da und denke;
> und manchmal sitze ich
> einfach nur so da.«
>
> Satchel Paige (ca. 1906–1982),
> amerikanischer Baseballspieler

Anspannung kostet Energie

Nicht nur körperliche Arbeit kostet Kraft und Energie, sondern auch geistige Arbeit, vor allem wenn sie unter Stressbedingungen erbracht wird.

Der Stoffwechsel des Körpers steht ständig unter hormoneller Kontrolle. Je nachdem, welche Hormone vermehrt ausgeschüttete werden, ändert sich auch der Kalorienverbrauch.

Bekannt ist, dass die Stresshormone Adrenalin und Noradrenalin den Stoffwechsel ankurbeln und dadurch den Kalorienverbrauch um etwa zehn bis 15 Prozent steigern.

Geht man davon aus, dass wir ohne Stress bei leichter körperlicher Belastung etwa 2000 Kilokalorien verbrauchen, so verbrennen wir unter Stress täglich etwa 200 bis 300 Kilokalorien unserer Lebensenergie zusätzlich.

Stress – lebensrettend für Urmenschen, schädlich für Zivilisationsmenschen

Stress ist keine Erfindung unseres Jahrhunderts. Er ist so alt wie die Menschheit. Während in grauer Vorzeit feindliche Stämme, Hunger oder Raubtiere die Hauptstressoren darstellten, treiben heute Zeitmangel, Termindruck, Warteschlangen und cholerische Vorgesetzte Puls und Blutdruck in die Höhe und rauben uns Energie. Doch auch nach Jahrtausenden reagiert der Organismus des Zivilisationsmenschen auf Stress noch genauso wie der des Neandertalers: Wird eine Situation vom Großhirn für bedrohlich gehalten, läuft augenblicklich eine Millionen Jahre alte Kaskade von Reaktionen in unserem Körper ab. Die Nebennieren schütten die Stresshormone Adrenalin, Noradrenalin und Cortisol aus. Diese setzen augenblicklich zahlreiche »Notprogramme« im Körper in Gang:
Herzfrequenz und Blutdruck steigen. In akuten Stress-Situationen kann die Herzfrequenz – bedingt durch die vermehrten Stresshormone im Blut – innerhalb von Sekunden von 60 auf 130 oder mehr Schläge ansteigen. Bei Dauerstress ist der Ruhepuls, der normalerweise bei 60 bis 70 Schlägen liegt, ständig auf 80 bis 90 Schläge erhöht. Wer unter Stress steht, sitzt zudem selten ruhig im Sessel. Gestresste Menschen sind hektischer, »zappeln« mehr oder laufen nervös im Zimmer auf und ab. Dieses Verhalten, das dazu dient, der inneren Unruhe Herr zu werden, verbraucht ebenfalls eine ganze Menge Lebensenergie. Schließlich benötigen auch die Muskeln, die im Stress automatisch angespannt werden, mehr Kalorien.
Es ist einleuchtend, dass die »höhere Drehzahl« mit der unser Organismus in Stressphasen läuft, mehr Energie

verbraucht. Langfristig führen mangelnde Gelassenheit und zu wenig Erholungsphasen zu einem vorzeitigen Verschleiß zahlreicher Organe.

Im Stress stellen Sie sich selbst ein Bein

Stressbelastungen und ein Mangel an Entspannung und Gelassenheit können negative Auswirkungen körperlicher, geistiger und auch beruflicher Art haben.
Auswirkungen körperlicher Art:
- Stress verbraucht Ihre Lebensenergie vorzeitig. Die Folge: Ihr Organismus altert schneller und wird anfälliger für Krankheiten.
- Unter Stressbelastung steigt Ihr Blutdruck an. Die Folge: Das Risiko für Herz-Kreislauf-Erkrankungen, Herzinfarkt und Schlaganfall steigt.
- Durch fehlende Entspannung erhöht sich Ihr Stresshormonspiegel im Blut. Die Folge: Ihre Abwehrkräfte werden schwächer.

Auswirkungen geistiger Art:
- In Stress-Situationen steigt der Cortisolspiegel. Die Folge: Ihr Gedächtnis wird schlechter.
- Fehlen Entspannungsphasen, werden langfristig bestimmte Hirnregionen geschädigt. Die Folge: Ihr Gehirn altert schneller.

Auswirkungen beruflicher Art:
- Durch mangelnde Gelassenheit wirken Sie verkrampft. Die Folge: Man wird Ihnen Führungspositionen nicht zutrauen.
- In Stress-Situationen machen Sie mehr Fehler. Die Folge: Sie schaden dem Unternehmen.

- Durch mangelnde Gelassenheit verursachen Sie ein schlechtes Arbeitsklima. Die Folge: Die Motivation Ihrer Kollegen und Mitarbeiter lässt nach.

Gelassenheit und Faulheit – das körpereigene Ausgleichsprogramm

Entspannung, Gelassenheit und hin und wieder auch mal Faulheit und Trägheit sind die körpereigenen Ausgleichsprogramme, durch die unsere Kräfte und Reserven geschont und Lebensenergien gespart werden können.

Der Körper schaltet dann vom so genannten sympathischen Nervensystem, das unseren Organismus auf Hochtouren laufen lässt, auf das beruhigende parasympathische Nervensystem um. Puls und Atmung normalisieren sich, die Atemzüge werden tiefer, der Blutdruck reguliert sich.

Der Energieverbrauch nimmt ab. Das Immunsystem, welches durch die ständige hohe Cortisolausschüttung in den Phasen der Anspannung geschwächt wird, erholt sich. Denkprozesse laufen wieder ungehindert ab und stressbedingte »Black-outs« sind plötzlich wie weggeblasen.

Doch Ruhe und Erholung treten nicht automatisch ein. Sorgen, Ängste und berufliche Probleme lassen sich nicht so einfach abschütteln. Entspannung muss deshalb oft bewusst herbeigeführt und in den Tagesablauf integriert werden.

Obwohl unseren Vorfahren Stress nicht unbekannt war, so waren früher regelmäßig Phasen der Ruhe und Besinnung in den Tages- bzw. Jahresablauf eingeplant. In den

Wintermonaten ruhte die Arbeit, während des sonntäglichen Kirchenbesuchs war es möglich, Abstand zum Alltag zu finden und Fastenzeiten stellten Phasen der Besinnung dar. Diese Inseln der Entspannung, Phasen des Nichtstuns, Zeiten der Trägheit fehlen heute in unserem Alltag. Termindruck und Konkurrenzdenken scheinen keinen Platz für Meditation und Besinnung zu lassen. Um trotz Stress gesund zu bleiben, ist das Gleichgewicht zwischen Anspannung und Entspannung wichtig. Nur wer nach Stressphasen für einen Ausgleich sorgt und im Alltag genug Raum für Ruhe und Gelassenheit lässt, kann dem Stress langfristig die Stirn bieten, seine Kräfte schonen, Energiereserven einsparen und hat dann auch gute Chancen für ein langes und vitales Leben.

Der kleine Prinz

»Guten Tag«, sagte der kleine Prinz.
»Guten Tag«, sagte der Händler.
Er handelte mit höchst wirksamen, durststillenden Pillen.
Man schluckt jede Woche eine und spürt überhaupt kein Bedürfnis mehr zu trinken.
»Warum verkaufst du das?«, fragte der kleine Prinz.
»Das ist eine große Zeitersparnis«, sagte der Händler.
»Die Sachverständigen haben Berechnungen angestellt. Man erspart dreiundfünfzig Minuten in der Woche.«
»Und was macht man mit diesen dreiundfünfzig Minuten?«
»Man kann damit machen, was man will ...«
»Wenn ich dreiundfünfzig Minuten übrig hätte«, sagte der kleine Prinz, »würde ich ganz gemächlich zu einem Brunnen laufen ...«

Antoine de Saint-Exupéry, »Der kleine Prinz«

Entspannt werden Sie klüger

Wer kennt das nicht noch selber aus der Schulzeit: Zuhause in entspannter Atmosphäre konnte man das Gedicht vorwärts und rückwärts aufsagen, die Vokabeln saßen und selbst das große Einmaleins war kein Problem. Stand man dann aber vor der Klasse, schlug das Herz bis zum Hals und der Kopf war leer. Doch auch nach der Schulzeit hat sich nichts an der Tatsache geändert, dass unser Gehirn im entspannten Zustand besser funktioniert, wir leistungsfähiger und schlagfertiger sind. Erholungsphasen schützen nämlich die grauen Zellen vor dem vorzeitigen Zusammenbruch. Dauerstress hingegen beschleunigt die Alterung des Gehirns. Doch nicht nur bei Menschen wird die geistige Fitness durch Angst, Wut, Trauer und Sorge gelähmt. Auch Tiere bauen geistig ab, wenn Sie unter Stress stehen und die Entspannungsphasen fehlen.

Ein Forscherteam aus Kentucky stellte fest, dass ständiger Stress bei Ratten die Gehirnzellen schädigen kann. Der Amerikaner Philip Landfield und seine Mitarbeiter an der Universität von Kentucky setzten die Tiere sechs Monate lang, fünf Tage pro Woche (kommt Ihnen das nicht bekannt vor?) stressigen Situationen aus. Durch ständige kleine Stromschläge wurde bei den Tieren eine ähnliche Stress-Situation hervorgerufen wie bei Arbeitnehmern, die ständig auf den nächsten Wutausbruch des Chefs warten. Schon nach drei Wochen ließen sich Veränderungen in bestimmten Hirnregionen nachweisen. Besonders betroffen war die so genannte Hippokampus-Region. Dieser Anteil des Gehirns ist für unsere Konzentrationsfähigkeit und das Kurzzeitgedächtnis verantwortlich. Zudem ist der Hippokampus ein wichtiger Filter für Sinneswahrnehmungen. Hier werden unwichtige Eindrücke aussortiert und nur wichtige Informationen zur Großhirnrinde durchgelassen. Bei Stress funktioniert dieser Filter nicht mehr richtig, unwichtige Reize überfluten das Gehirn, die Konzentration lässt nach, wichtige Dinge entfallen uns. Beschädigt wird der Hippokampus scheinbar durch ein Überangebot des körpereigenen Stresshormons Cortisol, welches in angespannten Situationen ausgeschüttet wird. Tritt anschließend eine Phase der Ruhe und Entspannung ein, sinkt der Cortisolspiegel wieder, das Gehirn kann sich erholen und nimmt keinen Schaden

Der Hippokampus ist die Gehirnregion, die durch die Alzheimer-Erkrankung am meisten geschädigt wird. Weitere Untersuchungen zeigten, dass die gestressten Ratten im Alter doppelt so viele Hirnzellen eingebüßt hatten wie die relaxten Altersgenossen. Dass Stresshormone wie Adrenalin und Cortisol bei der Entstehung von Herzinfarkt und Bluthochdruck eine Rolle spielen, ist schon lange bekannt. Möglicherweise besteht aber auch eine Verbindung zwischen Stress und Abbau der geistigen Leistungsfähigkeit.

In den Ferien heilen Wunden besser

Nicht genug damit, dass wir Schmerzen in Stress-Situationen schlechter ertragen können – auch entstandene Wunden heilen nur verzögert ab – so das Ergebnis einer Untersuchung an der amerikanischen Ohio State University: Die Wissenschaftler fügten Zahnmedizinstudenten während der Sommerferien und sechs Jahre später kurz vor dem Abschlussexamen kleine Schnittwunden am Gaumen zu. Während der Examenszeit benötigten die

Wunden 40 Prozent länger zum Heilen als in den entspannten Sommerferien. Während der Examenszeit lagen die Interleukin-1-Werte, einem Botenstoff im Immunsystem, der unter anderem für die Wundheilung wichtig ist, zwei Drittel niedriger als während der Ferien.

Fröhliche Mütter – gesunde Kinder

Humor und positive Stimmungen tun nicht nur den eigenen Abwehrkräften gut – auch Säuglinge, die gestillt werden, profitieren von der guten Laune der Mutter. So berichteten die Schweizer Immunologen Hodel und Grob, dass zufriedene stillende Mütter mehr Immunglobulin A haben. Diese Antikörper schützen vor allem vor Infekten der Schleimhäute. Interessant ist, dass nicht nur die zufriedenen Mütter, sondern auch deren Neugeborene seltener an Infekten der Atemwege erkranken.

> »Du kannst noch so oft an der Olive zupfen,
> sie wird deshalb nicht früher reif.«
>
> Italienisches Sprichwort

Zufriedenheit hält die Gefäße offen

Möglicherweise wirkt sich Gelassenheit und eine positive Grundeinstellung auch günstig auf unsere Gefäße aus und schützt sie vor Verkalkungen. Mediziner der Duke-Universität in Durham fanden heraus, dass ein niedriger Spiegel des Nervenbotenstoffs Serotonin, wie er häufig bei depressiven Menschen vorkommt, die Verkalkung von Arterien beschleunigt. Bei zufriedenen, entspannten und gelassenen Menschen hingegen ist der Serotoninspiegel deutlich höher, die Gefahr für die Gefäße demnach entsprechend geringer.

Wie hoch ist Ihr Stresslevel?

Seit langem ist bekannt und wird von Ärzten immer wieder beobachtet, dass Menschen in der Zeit nach schweren Stressbelastungen ein größeres Risiko haben, krank zu werden. Der Psychiater Holmes von der medizinischen Fakultät der University of Washington untersuchte die Zusammenhänge zwischen Stressbelastungen und dem Auftreten von Krankheiten und entwarf eine Skala, die eine Bewertung der einzelnen Stressereignisse ermöglicht. Natürlich sind in dem Test nicht alle belastenden Lebensereignisse aufgeführt. Vor allem die alltäglichen Stressfaktoren werden unserer Meinung nach nur unzulänglich berücksichtigt. Der Test gibt aber dennoch einen relativ guten Überblick über häufige Probleme in unserem Leben.
In dieser Tabelle sind verschiedene Ereignisse aufgeführt, die für uns Stressfaktoren darstellen. Einige dieser Situationen stellen für uns eine schlimme Belastung dar – wie zum Beispiel eine Scheidung. Diesen Lebensereignissen wird deshalb eine deutlich höhere Stresspunktzahl zugeordnet. Doch auch scheinbar freudige Geschehnisse wie eine Hochzeit oder Familienzuwachs gehen nicht spurlos an uns vorüber. Je mehr Stress-Situationen innerhalb kürzester Zeit zusammenkommen, je mehr Energie wir für die Bewältigung dieser Probleme aufwenden müssen, desto anfälliger werden wir für Krankheiten und Beschwerden jeder Art.

Faulheit und Müßiggang sind der Gesundheit Anfang

Stress-Test in Anlehnung an Holmes

Welchen Stressbelastungen waren Sie in den letzten zwölf Monaten ausgesetzt?

Ereignis:	Bewertung	eigener Wert

Ereignis	Bewertung
Tod eines Ehepartners	100
Scheidung	73
Trennung der Ehepartner	65
Gefängnishaft	63
Tod eines Angehörigen	63
Körperverletzung oder Krankheit	53
Heirat	50
Entlassung	47
Aussöhnung der Ehepartner	45
Pensionierung	45
Erkrankung eines Angehörigen	44
Schwangerschaft	40
Sexuelle Probleme	39
Familienzuwachs	39
Geschäftlicher Neuanfang	39
Änderung der finanziellen Situation	38
Tod eines engen Freundes	37
Neuer Job	36
Ehestreit	36
Große Schuldenbelastung	31
Mehr Verantwortung im Beruf	29
Weniger Verantwortung im Beruf	29
Kinder verlassen das Haus	29
Schwierigkeiten mit angeheirateten Verwandten	29
Hervorragende persönliche Leistung	28
Ehepartner wird (wieder) berufstätig oder hört auf zu arbeiten	26

Wie hoch ist Ihr Stresslevel?

Ereignis:	*Bewertung*
	eigener Wert
Schuleintritt oder Schulabschluss	26
Allgemeine Veränderung der Lebensbedingungen	25
Änderung persönlicher Gewohnheiten	24
Schwierigkeiten mit dem Vorgesetzten	24
Andere Arbeitszeiten oder Arbeitsbedingungen	20
Umzug	20
Schulwechsel	20
Veränderte Freizeitgewohnheiten	19
Veränderung der kirchlichen Aktivitäten	19
Veränderung der sozialen Aktivitäten	18
Kleinere Kredite	17
Veränderte Schlafgewohnheiten	16
Häufigere Familientreffen als bisher üblich	15
Seltenere Familientreffen als bisher üblich	15
Veränderung der Essgewohnheiten	15
Urlaub	13
Weihnachtszeit	12
Kleinerer Ärger mit dem Gesetz	11

Die Auswertung der Tabelle ergibt:

Mehr als 300 Stress-Punkte innerhalb der letzten zwölf Monate:

Vorsicht! Etwa 90 Prozent der Menschen, die innerhalb eines Jahres diese hohe Stress-Punktzahl erreichen, sind besonders anfällig für Krankheiten aller Art. Sie benötigen jetzt mehr Energie, um gesund zu bleiben. Für Sie sind unsere Programme zum Energiesparen und für mehr Gelassenheit besonders wichtig.

200 bis 299 Stress-Punkte innerhalb der letzten zwölf Monate:

Auch Ihre Stressbelastung ist überdurchschnittlich hoch. Ihr Risiko, krank zu werden, liegt bei etwa 30 Prozent. Sie sollten insbesondere unsere Vorschläge zur Entspannung und Gelassenheit in den Alltag einbauen. Auch durch die peripatetische Meditation lassen sich die Abwehrkräfte günstig beeinflussen.

100 bis 199 Stress-Punkte innerhalb der letzten zwölf Monate:

Etwa jeder Zehnte ist bei dieser Stressbelastung besonders krankheitsanfällig. Ihr Risiko ist zwar relativ gering, dennoch können Sie von unseren Energiesparvorschlägen profitieren.

Unter 100 Stress-Punkte innerhalb der letzten zwölf Monate:

Herzlichen Glückwunsch. Ihre Stressbelastung ist sehr niedrig.

Acht Anzeichen, die Sie warnen: Achtung, Sie stehen unter Stress!

Im hektischen Alltag merken wir oft gar nicht, wie sehr wir unsere Lebensenergie durch Stress und Leistungsdruck verschwenden. Doch es gibt zahlreiche körperliche Anzeichen, die uns zeigen, dass es uns an Ruhe und Gelassenheit mangelt. Wenn Sie zwei oder mehr dieser

Warnzeichen bei sich feststellen, ist es höchste Zeit, die Stressbremse zu ziehen.

1. *Ihre Nackenmuskeln sind verspannt und schmerzen:*

Nicht umsonst wird der Trapezius – das ist der Muskel, der sich an der hinteren Halsseite bis über die Schultern zieht – auch »Psychomuskel« genannt. Zahlreiche Untersuchungen konnten einen Zusammenhang zwischen Emotionen und Muskelspannung nachweisen. Bei den meisten Menschen kommt es deshalb in Stressphasen zu schmerzhaften Verhärtungen im Schulterbereich und in der oberen Rückenpartie.

2. *Wenn Ihr Nachbar hustet, bekommen Sie eine Grippe:*

Dauerstress schadet den Abwehrkräften. Bei Stress wird vermehrt Cortisol in unseren Nebennierenrinden gebildet. In der Medizin wird Cortisol gezielt eingesetzt, um ein überschießendes Immunsystem zum Beispiel bei Allergien oder Ekzemen zu besänftigen. Aber auch bei psychischer Dauerbelastung arbeiten die Abwehrkräfte unter dem ständigen Cortisoleinfluss nur noch auf Sparflamme. Typische Stressanzeichen sind deshalb ständige Erkältungen, häufige Herpesinfektionen, das Gefühl, nie richtig fit zu sein und die Anfälligkeit für jeden Infekt, der gerade grassiert.

3. *Ihr Kopf brummt ständig:*

Migräneanfälle und Dauerkopfschmerzen sind, wenn andere Erkrankungen ausgeschlossen sind, ein untrügliches Anzeichen für Überlastung. Neben den Migräneattacken mit Übelkeit und bohrenden Schmerzen tritt häufig auch ein dumpfer Kopfschmerz auf, der helmartig vom Nacken bis zur Stirn zieht. Wer gegen Kopfschmerzen mehr als zwei Schmerztabletten pro Monat benötigt, sollte seine Stressbelastung überdenken.

4. Sie haben in den letzten 6 Monaten mehr als fünf Prozent Gewicht ab- oder zugenommen:

Dem einen verdirbt Stress den Appetit, der andere kann in angespannten Zeiten nicht ohne Schokolade und Kuchen existieren. Gewichtsschwankungen bleiben dann natürlich nicht aus, Einbußen der Leistungsfähigkeit und Belastbarkeit sind die langfristigen Folgen.

5. Sie machen nachts kein Auge mehr zu und kämpfen tagsüber mit dem Schlaf:

Die Erholung des Organismus findet vor allem während der Tiefschlafphasen statt, die sich etwa alle 90 Minuten wiederholen. Untersuchungen der Hirnströme (EEG) zeigen, dass diese erholsamen Schlafabschnitte in Stressphasen verkürzt sind. Trotz ausreichend langer Schlafzeit findet dann keine ausreichende nächtliche Regeneration und Erholung statt. Die Tiefschlafphasen werden regelmäßig von so genannten REM-Phasen (Rapid Eye Movement), den Traumphasen, unterbrochen. Hier werden die Erlebnisse des Tages noch einmal im Traum aufgearbeitet. Belastungen des Tages, Stress und Anspannung können in den REM-Phasen zu Alpträumen führen.

6. Ihr Herz pocht wie verrückt oder setzt manchmal plötzlich aus:

In akuten Stress-Situationen kann die Herzfrequenz innerhalb von Minuten von 60 auf 130 oder mehr Schläge ansteigen. Verursacht wird das durch die vermehrte Ausschüttung der Stresshormone Adrenalin und Noradrenalin, die den Herzmuskel zu Höchstleistungen antreiben. Bei Dauerstress ist der Ruhepuls, der normalerweise bei 60 bis 70 Schlägen liegt, ständig auf 80 bis 90 Schläge erhöht. Langfristig führt das zu einem vorzeitigen Verschleiß zahlreicher Organe. Auch das unangenehme »Herzstolpern« kann durch Stress, meist in Verbindung mit übermäßigem Kaffeegenuss und Nikotinkonsum, ausgelöst werden. Lassen Sie dann aber unbedingt eine Herzerkrankung ausschließen

7. Sie kauen nachts noch mal alle Probleme durch:

Nächtliches Zähneknirschen, das »Durchkauen« der Probleme im Schlaf, tritt fast nur in Anspannungssituationen auf. Nicht nur der Partner fühlt sich durch die Knirschgeräusche gestört, auf Dauer kommt es zu einer vermehrten Abnutzung der Zähne und zu schmerzhaften Verspannungen der Kiefermuskulatur. Wenn Sie sich nicht sicher sind, ob Sie zu den nächtlichen »Knirschern« gehören, fragen Sie Ihren Zahnarzt. Die Abriebspuren auf den Zähnen sind für ihn leicht zu erkennen.

8. Ihre Hände sind klamm und kalt:

In Stress-Situationen zentralisiert sich der Kreislauf, d. h. Blut wird vermehrt den wichtigen Organen wie Herz, Lunge und Gehirn zur Verfügung gestellt, durch Hände und Füße fließt dann entsprechend weniger warmes Blut, sie fühlen sich klamm und kalt an. Etwas Bewegung bringt den Blutfluss wieder in Gang.

Faulheit und Müßiggang sind der Gesundheit Anfang

Lachen – Stressfighter Nummer eins

Gelotologen, Wissenschaftler, die sich mit der Erforschung des Lachens beschäftigen, haben jetzt bewiesen, was wir schon lange wissen: Lachen ist gesund. Lachen ist Entspannung pur, baut Stress ab und macht uns gelassener. Schon eine Minute Gelächter ersetzt dreißig Minuten Entspannungstraining. Zwerchfell und Sonnengeflecht werden bei jeder Lachsalve intensiv massiert, die Atemtiefe nimmt zu, verspannte Muskeln lockern sich und der Organismus schüttet große Mengen körpereigener Opiate aus, die uns beflügeln, für Entspannung sorgen und uns die Distanzierung von Alltagsproblemen erleichtern. Wer sich regelmäßig den Spaß gönnt, stärkt dadurch seine Abwehrkräfte und baut schädliche Stresshormone ab. Lachen ist aber gleichzeitig auch ein »inneres Trainingsprogramm«. Puls und Blutdruck steigen leicht an, die Sauerstoffaufnahme wird besser. 60 Sekunden Lachen ist für unsere Gesundheit genauso gut wie 10 Minuten Laufen. Ist das »Lachtraining« vorbei, sinken Puls und Blutdruck wieder ab. Häufig sind sie nach der Lachattacke niedriger als zuvor – das beste Zeichen, dass wir durch das Lachen jetzt in einen entspannteren Zustand gelangt sind. Doch wir nutzen diese innere Quelle der Gelassenheit viel zu selten. Kinder lachen jeden Tag bis zu vierhundertmal, wir Erwachsene bringen es noch maximal auf 15 Lacheinheiten – und das ist schlecht für unser Wohlbefinden, für beruflichen und privaten Erfolg. Lachen beseitigt Distanz zwischen fremden Menschen und kann sogar zunächst empfundene Abneigung außer Kraft setzen. Wer Lachen kann, hat eine positive Ausstrahlung auf seine Mitmenschen. Die höchste Stufe der Lachkunst ist, über

sich selbst lachen zu können. Trainieren Sie deshalb Ihre Lachmuskeln täglich.
Suchen Sie zukünftig gezielt nach Situationen, die Sie zum Lachen bringen. Ziehen sie Comedy den Dramen vor, schulen Sie den Blick für komische Dinge im Alltag, suchen Sie nach Absurditäten in Ihrer Umgebung und vor allem lernen Sie, über sich selbst zu lachen und werden Sie humorvoller.

Stress beseitigen, Ruhe und Gelassenheit gewinnen

Der Autor Paul Wilson hat in seinem Buch »Wege zur Ruhe« mit zwei Sätzen sehr treffend formuliert, wie man Stress und Unruhe aus dem Leben beseitigen kann. Er schreibt: »Entweder Sie ändern die Umstände, die Ihnen Stress bereiten, oder Sie ändern die Art und Weise, damit umzugehen. Viel mehr Möglichkeiten gibt es nicht.«
Wir stimmen diesen Feststellungen zu, allerdings mit einer kleinen Änderung. Wir ersetzen das Wort »oder« durch das Wort »und«. Nur wenn wir beide Möglichkeiten nutzen, können wir zu Ruhe und Gelassenheit zurückfinden. Dabei übersehen wir nicht, dass in der heutigen Zeit viele von uns beruflichen und privaten Zwängen ausgesetzt sind, die sich kaum ändern lassen (Termindruck, betriebliche Rahmenbedingungen, Abhängigkeit von Vorgesetzten). Andererseits haben wir im Verlauf unseres Lebens verlernt, wichtige Vorhaben von unwichtigen zu unterscheiden. Wir behandeln alle Termine so, als wären sie gleich wichtig. Zusätzlich multiplizieren wir den beruflichen Stress durch private Termine, die eigentlich nicht notwendig wären.

Faulheit und Müßiggang sind der Gesundheit Anfang

Ohne Sie läuft es genauso gut

In vielen Situationen müssen wir, um gelassen zu werden, eine andere Sache loslassen. Das fällt uns meist am schwersten. Wir haben Angst, unser Gesicht zu verlieren, wenn wir das einmal anvisierte Ziel nicht konsequent verfolgen, und glauben, versagt zu haben. Wir möchten niemanden verletzen und bemühen uns, es allen Menschen recht zu machen. Wir denken (oder hoffen?), ohne uns läuft nichts, wenn wir nicht zur Stelle sind, bricht alles zusammen.

Das ist ein großer Trugschluss! Oder ist Ihnen bisher noch nicht aufgefallen, dass die Geschäfte unverändert weitergehen, wenn Sie krank sind, Urlaub machen oder mal einen Tag frei haben? Es geht auch ohne Sie! Sie müssen nicht unbedingt Vorsitzender des Sportvereins sein, müssen nicht jedes Jahr die Weihnachtsfeier ausrichten oder im Kommunalparlament sitzen, wenn Sie beruflich oder privat unter Stress stehen.

Der erste und wichtigste Rat, den wir Ihnen geben, ist deshalb: Verzichten Sie auf Posten und Engagements, laden Sie Ballast ab, damit Sie zur inneren Ruhe und Ausgeglichenheit zurückfinden können.

Nicht loslassen können, kann fatale Folgen haben

Eine Affenhorde verwüstete regelmäßig eine Bananenplantage. Alle Maßnahmen, die Affen zu vertreiben oder die Plantage zu schützen, scheiterten. Da hatte ein Plantagenarbeiter eine Idee: Schon weit vor der Plantage legten die Arbeiter schwere Tonkrüge mit großem Bauch und engem Hals ab. In den Krügen versteckten sie Bananen. Die Affen rochen auf dem Weg zur Plantage die Bananen in den Krügen, wollten sich den Weg zur Plantage sparen und griffen mit ihren langen Armen gierig in den Bauch der Krüge, schnappten sich die Bananen und hatten plötzlich ein Problem: Mit der Banane in den Händen konnten sie die Arme nicht mehr aus den Krügen herausziehen. Trotz der herannahenden Gefahr in Gestalt der Plantagenarbeiter waren sie in ihrer Habgier nicht bereit, die Bananen loszulassen und wurden von den Arbeitern getötet. Die Affen mussten sterben, weil sie in ihrer Habgier auch in bedrohlichen Situationen nicht von ihrem Ziel loslassen konnten.

Termine nach Priorität einteilen

»Gott, schenke mir die Gelassenheit, Dinge hinzunehmen, die ich nicht ändern kann, den Mut Dinge zu ändern, die in meiner Macht stehen und die Klugheit beides voneinander zu unterscheiden«, riet der Theologe Friedrich Christoph Oetinger (1702-1782). Sie sollten sich als ersten Schritt vornehmen, die Dinge zu ändern, die in Ihrer Macht stehen. Eine ganze Menge Veränderungsmöglichkeiten finden Sie mit Sicherheit in Ihrem Terminkalender. Nicht alle Termine sind gleich wichtig. Dennoch machen viele den Fehler, allen Terminen des Tages die gleiche Bedeutung zuzumessen. Dadurch werden oft unwichtige Aufgaben vorgezogen und am Abend stapeln sich die Arbeiten, die noch unbedingt fertig werden müssen. Setzen Sie Prioritäten. Markieren Sie alle Termine, Aufgaben und Erledigungen: Rot bedeutet »superwichtig«, blau heißt »muss heute irgendwann an-

Faulheit und Müßiggang sind der Gesundheit Anfang

gegangen werden« und grün steht für »unwichtig, kann aufgeschoben werden«. Erledigen Sie zuerst alle rot markierten Termine und davon die unangenehmsten zuerst, später kommen die blauen dran. Stehen am späten Nachmittag nur noch grüne Aufgaben im Terminplaner, ist das kein Grund, Überstunden zu machen – gehen Sie nach Hause!

Grüne Termine einfach wegstreichen

Grüne Termine sind so unwichtig, dass Sie sie verschieben oder sogar streichen können. Warum sollten Sie also Ihre kostbare Energie für so etwas opfern? Streichen Sie die unwichtigen Dinge, die Sie aufhalten. Suchen Sie sich zuerst täglich einen grünen Termin aus, der ersatzlos gestrichen wird. Wenn Sie diese Übung beherrschen, steigern Sie sich noch: Streichen Sie täglich zwei, drei oder mehr grüne Termine. Das bringt Ihnen zusätzliche Regenerationszeit. Erlauben Sie sich auch eine Notlüge, wenn es anders nicht geht.

Vorteile effektiver Stressbewältigung

- Ihre geistige Leistungsfähigkeit nimmt zu.
- Ihre Abwehrkräfte werden gestärkt.
- Alterungsvorgänge laufen langsamer ab.
- Ihr Risiko für Herzinfarkt, hohen Blutdruck und Schlaganfall sinkt.
- Migräneanfälle nehmen ab.
- Sie werden besser schlafen.

Pausen konsequent von der Arbeit trennen

Kombinieren Sie ab sofort keine Mittag- oder Abendessen mit einem Arbeitsgespräch. Ihre Pausen gehören Ihnen, sie dienen der Regeneration und Erholung. Lesen Sie während des Essens keine Zeitungen, führen Sie bei Tisch auch keine Gespräche über Politik, Geld oder Religion. Sie könnten im Meinungsstreit enden und das raubt Ihnen Energie. Essen Sie langsam und mit Genuss. Essen Sie in Ruhe und nehmen Sie sich anschließend noch einige Minuten Zeit zur Besinnung. Früher wurde vor und nach den Mahlzeiten ein Gebet gesprochen. Dieses schaffte die notwendige Distanz zum Alltag.

Stressfaktor Freizeit entschärfen

Wenn Sie im Beruf unter Stress stehen, muss das Wochenende zur Regeneration und Erholung genutzt werden.
Die Realität sieht aber bei den meisten anders aus. Wer versucht, in die freien Stunden möglichst viel Aktion, Erlebnisse und Aktivitäten hineinzupacken, schafft dadurch häufig weitere Stress-Situationen. Der Wunsch nach Harmonie und angenehmen Erlebnissen endet meist in Streit, Frustration und Hektik. Oft stehen wir deshalb in unserer Freizeit unter einem genauso großen Druck wie im Beruf und kommen erschöpft und ausgelaugt an den Arbeitsplatz zurück. Wir raten Ihnen: Planen Sie das Faulenzen in der Freizeit fest ein. Reservieren Sie regelmäßig einige Stunden für Müßiggang und Nichtstun.

Faulheit und Müßiggang sind der Gesundheit Anfang

Stressbedingte Versorgungslücken verhindern

Sicherlich wird es Ihnen nicht sofort gelingen, alle Stress-Situationen zu entschärfen. Um in diesen angespannten Phasen keinen Schaden zu nehmen, sollten Sie auf eine ausreichende Zufuhr schützender Vitalstoffe achten, denn unter Stress ist der Bedarf an einigen Vitaminen und Mineralstoffen erhöht. Der Mehrbedarf ist dann oft nicht mehr alleine durch die Ernährung zu decken. Wir empfehlen in diesen Situationen deshalb die vorübergehende Einnahme einiger Vitamine, Mineralstoffe und Spurenelemente:

- Vitamin A unterstützt bei chronischem Stress die Funktion der Nebenniere und schützt die Zellen vor vorzeitiger Alterung. Bedarf in Stress-Situationen: 5000 IE. Enthalten in: Möhren, Tomaten, Aprikosen, Butter, Leber. Achtung: Schwangere dürfen keine Vitamin-A-haltigen Vitaminpräparate einnehmen.
- Vitamine des B-Komplexes unterstützen die Funktion des Nervensystems, wirken beruhigend, sind wichtig für den Eiweiß- und Kohlenhydratstoffwechsel. Vitamin B_{12} (Bedarf in Stress-Situationen: 100 µg. Enthalten in Eiern, Käse, Rindfleisch) verbessert die Gehirnfunktion, unterstützt die Konzentration; Vitamin B_6 (Bedarf in Stress-Situationen: 10 mg. Enthalten in Kartoffeln, Fisch, Spinat, Hühnerfleisch) stärkt das Immunsystem; Vitamin B_2 (Riboflavin) (Bedarf in Stress-Situationen: 5 mg. Enthalten in Milch, Leber, Eiern, Fisch, Käse) schützt den Organismus vor Stress-Schäden.
- Vitamin C verringert die Anfälligkeit für Stress, schützt vor Infekten, verbessert die Stimmung (Bedarf in Stress-

Situationen: 500 mg. Enthalten in Zitrusfrüchten, Erdbeeren, Kiwi, Paprika, schwarzen Johannisbeeren, Rosenkohl).
• Vitamin E schützt die Gefäße vor den Auswirkungen der Stressbelastung, verhindert Arterienverkalkung und schützt die Zellen vor vorzeitiger Alterung. (Bedarf in Stress-Situationen: 400 IE. Enthalten in Pflanzenölen, Nüssen, Vollkornprodukten.)
• Der Mineralstoff Magnesium schützt den Herzmuskel vor Stressauswirkungen, wirkt beruhigend und entspannend, verbessert den Schlaf, beugt Muskelverkrampfungen vor (Bedarf in Stress-Situationen: 500 mg. Enthalten in Vollkornprodukten, Getreidekeimen, Mandeln, Nüssen, Äpfeln, dunklem Gemüse).
• Das Spurenelement Zink stärkt die Abwehrkräfte, die durch den Stress oft beeinträchtigt werden. (Bedarf in Stress-Situationen: 15 mg. Enthalten in Fisch, Muscheln, Weizenkeimen.)
• Weitere Empfehlungen zur Vitalstoffergänzung finden Sie im Anhang.

Nutzen Sie Entspannungs-Inseln zum Energiesparen

Den meisten von uns fehlt leider die Zeit, aufwendige Entspannungstechniken zu erlernen und dann auch regelmäßig durchzuführen. Doch »Ein Augenblick der Seelenruhe ist besser als alles, was du sonst erstreben magst«, weiß ein persisches Sprichwort. Oft reichen schon kurze, entspannte Momente, um wieder Energie zu tanken. Deshalb haben wir für Sie einige kleine »Entspannungs-Inseln« zusammengestellt, die sich relativ leicht in den Tagesab-

lauf integrieren lasen. Für keine der von uns vorgestellten Entspannungsmethoden benötigen Sie mehr als fünf Minuten.
Wenn Sie mehr Zeit haben, empfehlen wir Ihnen unser ausführliches Entspannungsprogramm im Anhang.

Schauen Sie ins Aquarium

Das ruhige Beobachten von Fischen im Aquarium, so das Ergebnis einer Untersuchung an der University of Pennsylvania, senkt den Blutdruck und vertreibt Sorgen und Ängste. Die langsamen Bewegungen versetzen den Betrachter in einen hypnoseähnlichen Zustand, was sich positiv auf den Stresslevel auswirkt.

Ein-Minuten-Entspannung

Klinken Sie sich für eine Minute aus. Stützen Sie die Ellenbogen auf den Tisch und legen Sie die Hände vor die Augen. Schalten Sie für 60 Sekunden ab und versuchen Sie, an nichts zu denken. Fällt Ihnen das Ausschalten des Gedankenflusses schwer, konzentrieren Sie sich auf Ihren Atem. Diese kurze Übung erfrischt die Gesichtszüge und macht den Geist munter.

Jonglieren Sie den Stress weg

Wer ernsthaft Stress abbauen will, sollte unbedingt jonglieren lernen. Beim Jonglieren muss man entspannt und gleichzeitig konzentriert sein. Für sorgenvolle Gedanken ist beim Umgang mit den Bällen kein Platz, sonst landen diese bald auf dem Boden. Amerikanische Untersuchungen konnten inzwischen nachweisen, dass beim Jonglieren vermehrt Endorphine ausgeschüttet und Stresshormone abgebaut werden. In den USA wird das Training mit den Bällen neuerdings als ideale Stressbewältigungsstrategie auf Managerseminaren eingesetzt. Bereits fünf Minuten die Bälle kreisen zu lassen ist oft ausreichend, um abzuschalten und neue Energie zu tanken.

Atmen Sie sich ruhig

Stress kann uns im wahrsten Sinne des Wortes die Luft wegnehmen. Wenn Sorgen und Ärger überhand nehmen, verkrampfen sich Bauchmuskeln und Zwerchfell, die Lunge kann sich nicht optimal ausdehnen, die Atmung wird flacher und schneller, die Sauerstoffversorgung schlechter. Oft werden dann nur die oberen Anteile der Lungenflügel mit sauerstoffreicher Luft gefüllt und große Teile der Lunge bleiben ungenutzt. Bei dieser oberflächlichen Stressatmung heben sich typischerweise die Schultern, die Brust wird herausgedrückt und der Bauch eingezogen.

Ein entspannter Mensch hingegen atmet tief und langsam ein und aus. »Erst mal tief durchatmen«, ist deshalb ein gut gemeinter und sehr hilfreicher Rat, wenn der Stress uns zu überrollen scheint. Die Atmung ist die einzige unbewusst ablaufende Körperfunktion, die wir auch willentlich beeinflussen können. Um die ganze Kapazität der Lunge zu nutzen, müssen auch die unteren Teile der Lunge beatmet werden. Das geht nur, wenn wir aus dem Bauch heraus atmen. Um die richtige Atemtechnik zu überprüfen, legen Sie die Hände in die Taille, die Fingerspitzen sollten in Richtung Nabel zeigen. Atmen Sie nun so ein, dass Sie mit den Fingern spüren, wie sich der

Bauch ausdehnt und zusammenzieht. Vermeiden Sie es aber, die Schultern zu heben. Strecken Sie dabei bewusst den Bauch raus, atmen Sie rhythmisch ein und aus. Tiefes Atmen veranlasst den Organismus, vermehrt das beruhigende Glückshormon Endorphin auszuschütten. Bereits fünf bis sechs bewusste Atemzüge reichen oft aus, eine Distanz zum Stress zu schaffen. Bei der entspannenden Bauchatmung wird der Solarplexus massiert. Dieses Nervennetz, auch Sonnengeflecht genannt, liegt im oberen Bauchraum und regt das beruhigende parasympathische Nervensystem an. Dadurch werden nervöse Spannungen gelöst, Unruhe abgebaut.

Die »magische Berührung«

Innerhalb von einer Sekunde spürbar ruhiger und ausgeglichener werden? Das ist unmöglich, werden Sie wahrscheinlich sagen. Dann versuchen Sie es doch einfach mal mit der »magischen Berührung«. Das Prinzip ist erstaunlich einfach: Fast jeder Mensch kennt bestimmte Musikstücke, die in Sekunden bestimmte, vergessen geglaubte Bilder und Gefühle aus dem Unterbewusstsein hervorrufen. Erinnerungen an den ersten Kuss, einen Traumurlaub oder an ein tolles Fest sind plötzlich wieder da. Auch Gerüche oder Gesten können innerhalb kürzester Zeit positive oder negative Gefühle hervorrufen. »Konditionierung« wird dieses Phänomen in der Psychologie und Verhaltensforschung genannt. Das prominenteste Beispiel ist der Pawlowsche Hund. Um das Versuchstier auf einen bestimmten Reiz »abzurichten«, betätigten die Wissenschaftler jedes Mal eine Glocke, bevor der Hund sein Fressen erhielt. Nach kurzer Zeit lief

Nutzen Sie Entspannungs-Inseln

dem Tier schon das Wasser im Munde zusammen, wenn es nur die Glocke hörte, auch, wenn es gar nichts zu fressen gab. Doch was hat dieses Beispiel mit Entspannung zu tun? Sehr viel!
Mit etwas Übung können auch Sie die Konditionierung zum schnellen Entspannen nutzen. Eine einfache Berührung reicht dann aus, um Ruhe und Wohlbefinden zu erzeugen. Überlegen Sie sich zunächst eine »konditionierende Berührung«. Diese sollte sich aber von alltäglichen Gewohnheiten unterscheiden. Sie können zum Beispiel ein Ohrläppchen zwischen den Fingern reiben oder beide Daumen aneinander pressen. Für den ersten Schritt der Konditionierung benötigen Sie etwas Zeit und Ruhe. Setzen Sie sich bequem hin, atmen Sie ruhig, schließen Sie die Augen und stellen Sie sich eine Situation vor, in der Sie sich sehr wohl gefühlt haben, einen Urlaubstag, einen Spaziergang, ein Kindheitserlebnis. Versetzten Sie sich in diese Situation. Was hören Sie? Wie riecht die Luft? Was haben Sie an? Sobald Sie in völliger Entspannung die Szene deutlich vor Augen haben, führen Sie die zuvor ausgewählte »magische Berührung« durch. Oft reicht schon eine einzige Konditionierungssitzung aus, um zukünftig einfach durch diese Berührung in jeder Situation, sei es im Zug, im Büro oder zu Hause, ein Gefühl der Ruhe und Zufriedenheit hervorzurufen. Wenn nötig können Sie die Übung auch am nächsten Tag noch einmal wiederholen. Sinnvoll ist es, zur Verstärkung der Konditionierung die Berührung immer dann durchzuführen, wenn Sie sehr zufrieden und ausgeglichen sind. Je häufiger die typische Handbewegung mit angenehmen Situationen verbunden wird, desto intensiver wird die entspannende Wirkung im »Notfall« sein.

Den Stress einfach wegdrücken

Ein paar gekonnte Griffe und Sie sind selbst im größten Stress die Ruhe selbst. Akupressur ist eine hervorragende Methode, um sich jederzeit schnell zu entspannen. An bestimmten Körperregionen wird durch Finger-, Daumen- und Handflächendruck eine unmittelbare Wirkung auf den Kreislauf und das Nervensystem ausgeübt. Ein wichtiger Akupressurpunkt, der bei Angst und Unruhe gedrückt werden sollte, liegt am Unterarm auf einer Linie mit dem Mittelfinger etwa zwei Fingerbreit unterhalb des Handgelenkes an der Armunterseite. Drücken Sie diesen Punkt einige Sekunden mit dem Daumen der anderen Hand.

Ein anderer Anti-Stress-Punkt liegt auf dem Handrücken im Dreieck zwischen Daumen und Zeigefinger. Dieser Punkt ist leicht zu finden, denn er ist etwa druckempfindlich. Massieren Sie diesen Punkt einige Sekunden zwischen Daumen und Zeigefinger der anderen Hand, bis er etwas schmerzt.

Die Macht der Gedanken

Schließen Sie die Augen und stellen Sie sich eine große, frische, grün-gelbe Zitrone vor. Sie nehmen nun ein Messer, zerteilen die Frucht und beißen hinein. Der saure Saft verteilt sich im Mund. Läuft Ihnen schon das Wasser im Munde zusammen? Dann gehören Sie zu den Menschen, die Körperfunktionen durch die Vorstellungskraft beeinflussen können. Bei mehr als 90 Prozent der Europäer löst der Gedanke, in eine Zitrone zu beißen, eine vermehrte Speichelsekretion aus. Das Beispiel zeigt, wie einfach sich körperliche Reaktionen durch die Einbildungskraft provo-

Nutzen Sie Entspannungs-Inseln

zieren lassen. Warum sollten Sie diese Fähigkeiten nicht auch zur Erholung nutzen?

Psychologen haben festgestellt, dass jeder von uns im Unterbewusstsein ein Bild von sich selbst hat und diesem Bild auch folgt. Wer sich als Verlierer, Nichtskönner, ewiger Zweiter sieht, wird auch entsprechend handeln und immer wieder feststellen müssen, dass er oft versagt.

Coachen Sie sich deshalb selbst. Betrachten Sie sich mehrmals täglich vor Ihrem inneren Auge als erfolgreicher Sieger. Ersetzen Sie negative Selbstbilder durch positive. Mit Hilfe der Visualisierungstechnik lassen sich auch Ängste und Unsicherheiten abbauen und Gefühle wie Hilflosigkeit positiv beeinflussen, das konnte der amerikanische Arzt Dr. Carl Simonton mehrfach nachweisen. Ursprünglich entwickelte er diese Methode, um durch die Vorstellungskraft die Abwehrkräfte von Krebspatienten zu stärken.

Durch die Visualisierungsübungen können wir Einfluss auf unsere Abwehrkräfte nehmen und das Immunsystem stärken. Auch das Hormonsystem lässt sich durch die »Kraft der Gedanken« in gewisser Weise steuern. Wer die Visualisierungsübungen regelmäßig durchführt, kann dadurch Anspannungen reduzieren und durch Stress gestörte Körperfunktionen wie Herzschlag und Atmung beeinflussen.

Legen oder setzen Sie sich bequem hin, schließen Sie die Augen und atmen Sie ganz ruhig ein und aus, ein und aus. Stellen Sie sich dabei ein wogendes Kornfeld vor, das sich im Rhythmus der Atmung bewegt. Entspannen und lockern Sie nun nach und nach alle Muskeln. Beginnen Sie im Gesicht und gehen sie alle Muskelgruppen bis zu den Füßen durch. Wenn Sie nun völlig entspannt sind, lassen

Faulheit und Müßiggang sind der Gesundheit Anfang

Sie vor Ihrem inneren Auge bildlich die Probleme und Situationen entstehen, die für Sie zurzeit sehr belastend sind. Beobachten Sie nun, wie die Bilder sich langsam wegbewegen, immer kleiner und unbedeutender werden und schließlich am Horizont verschwinden. Sehen Sie sich vor Ihrem inneren Auge entspannt, selbstbewusst und erfolgreich.

Die Anspannung abrollen

Am Fuß befinden sich ebenfalls zahlreiche Reflexpunkte, die entspannend wirken. Mit Hilfe eines Tennisballs lassen sich diese ausgezeichnet massieren.
Ziehen Sie Schuhe und Strümpfe aus und legen Sie einen Tennisball unter das Fußgewölbe. Verlagern Sie nun das Gewicht soweit auf den Ball, dass der Druck noch als angenehm empfunden wird und bewegen Sie den Fuß vor und zurück. Durch den Druck werden Nervenendigungen stimuliert, die über Reflexkreise eine Lockerung der Spannung in weiten Teilen des Körpers bewirken.

Wenn ich mein Leben noch einmal leben könnte ...

»Wenn ich mein Leben noch einmal
leben könnte, im
Nächsten Leben, würde ich versuchen,
mehr Fehler zu machen.
Ich würde nicht so perfekt sein wollen,
ich würde mich mehr
entspannen.

Nutzen Sie Entspannungs-Inseln

Ich wäre ein bisschen verrückter, als
ich es gewesen bin,
ich würde viel weniger Dinge so ernst
nehmen.
Ich würde nicht so gesund leben.
Ich würde mehr riskieren, würde mehr
reisen,
Sonnenuntergänge betrachten, mehr
Bergsteigen
Mehr in Flüssen schwimmen.
Ich war einer dieser klugen Menschen,
die jede Minute ihres
Lebens fruchtbar verbrachten;
Freilich hatte ich auch Momente
Der Freude, aber wenn ich noch
Einmal anfangen könnte, würde
Ich versuchen, nur mehr gute Augen-
Blicke zu haben.
Falls du es noch nicht weißt, aus diesen
Besteht nämlich das Leben;
Nur aus Augenblicken; vergiss nicht
Den jetzigen.
Wenn ich noch einmal leben könnte,
würde ich von Frühlingsbeginn
an bis in den Spätherbst hinein
barfuss gehen. Und ich würde mehr mit
Kindern spielen, wenn ich das Leben
Noch vor mir hätte.
Aber sehen Sie ... ich bin 85 Jahre alt
Und weiß, dass
Ich bald sterben werde.«

    Jorge Luis Borges, argentinischer Dichter

Faulheit und Müßiggang sind der Gesundheit Anfang

Das Wichtigste in Kürze

1. Stress ist der am häufigsten in unserer Gesellschaft auftretende Gesundheits-Risikofaktor. Er raubt nicht nur wichtige Lebensenergie, sondern ist auch Promotor unterschiedlicher Zivilisationskrankheiten (Herzinfarkt, Krebs).

2. In Stress-Situationen werden vermehrt aus den Nebennieren die Hormone Adrenalin, Noradrenalin und Cortisol ausgeschüttet. Diese kurbeln den Stoffwechsel an. Herzfrequenz und Blutdruck nehmen zu, der Kalorienverbrauch steigt um etwa zehn bis 15 Prozent. Der Organismus altert schneller, die Lebenserwartung geht zurück.

3. Als Gegenmaßnahmen werden Gelassenheit und »Faulheit« empfohlen. Diese Verhaltensweisen lassen sich nur über einen neuen Lebensstil und gezielte Entspannungsübungen realisieren.

5. Kapitel

In diesem Kapitel erfahren Sie,

- warum Schlaf ein Jungbrunnen ist

- weshalb Sie nicht vor 7.20 Uhr aufstehen sollten

- wie Ihr Hormonsystem vom Schlaf beeinflusst wird

- warum Schlafmangel alt, dumm und krank macht

Langschläfer haben mehr vom Leben

> »Schlaf, du Ruhe der Welt,
> Schlaf, du sanftester der Götter,
> Friede der Seele, den die Sorge flieht,
> der du streichelst die Leiber,
> die vom harten Dienst erschöpft sind,
> und sie wieder zur Arbeit fähig machst.«
>
> Metamorphosen des Ovid

Langschläfer schalten auf Sparflamme

Alle, die bisher ein schlechtes Gewissen hatten, wenn sie bis um elf in den Federn lagen, können aufatmen: Ausgiebig zu schlafen ist nämlich nicht nur gesund, es schont auch die kostbare Lebensenergie, stärkt die Abwehrkräfte und hält zudem länger jung. Während wir schlafen, schaltet der Organismus auf Sparflamme. Die Verdauung ruht, die Muskeln erschlaffen, die Körpertemperatur sinkt ab, die Atmung wird tiefer und langsamer als während des Tages.

Der Spiegel des Stresshormons Cortisol erreicht während der Nacht einen Tiefstpunkt. Im Schlaf werden die während des Tages aufgenommenen Informationen vom Gehirn verarbeitet und gespeichert. Der gesamte Organismus kann sich regenerieren. Ein ganz wichtiges Argument für ausreichenden Schlaf ist aber die Energieersparnis, denn während des Schlafes ist auch der Stoffwechsel weniger aktiv und der Kalorienverbrauch ist niedriger. Wer täglich eine Stunde länger schläft, spart dadurch mindestens 50 Kilokalorien. In zehn Jahren sind das bereits fast 200 000 Kilokalorien an Lebensenergie, die Vielschläfer einsparen.

Winterschlaf hält Tiere frisch

Bei Tieren lässt sich die lebensverlängernde Wirkung des Schlafs gut demonstrieren. Tiere, die einen großen Teil des Tages dösend und schlafend verbringen, haben in der Regel eine höhere Lebenserwartung. Vergleichen Sie doch einmal das Verhalten von Hunden und Katzen. Die Stubentiger liegen oft stundenlang regungslos auf der Lauer, den übrigen Teil des Tages verschlafen sie zum größten Teil. Friedlich schlummernd erreichen sie häufig ein Lebensalter von mehr als 20 Jahren.
Hunde hingegen sind wesentlich aktiver. Sie leben im Rudel, führen Rangordnungskämpfe und hetzen ihrer Beute nach. Älter als 15 Jahre wird deshalb nur selten ein Hund.
Noch deutlicher wird dieser Effekt bei Säugetieren, die Winterschlaf halten und dadurch für Monate ihren Energieumsatz ganz erheblich drosseln. Sie leben deutlich länger als Tiere, die auch im Winter aktiv sind. Während Mäuse, die keinen Winterschlaf halten, nur etwa drei bis vier Jahre alt werden, leben Fledermäuse, die etwa genauso groß und schwer sind, bis zu dreißig Jahre. Der Grund für diese unterschiedlichen Lebenserwartungen ist der Winterschlaf, den die Fledermäuse regelmäßig halten.
Ähnliche Beobachtungen lassen sich auch bei anderen Tierarten, die Winterschlaf halten, machen.

Schlafmangel macht alt, dumm, krank und dick

Die durchschnittliche Schlafdauer der Deutschen hat sich seit 1910 von neun Stunden auf 7,5 Stunden verringert. Wahrscheinlich werden wir in den nächsten Jahren noch weniger schlafen. Wie schädlich chronischer Schlafmangel auch für uns Menschen sein kann, zeigt eine in der Fachwelt vielbeachtete Arbeit des Forscherteams um Eve van Cauter von der University of Chicago, die 1999 in der renommierten Medizinzeitschrift »The Lancet« (Bd. 354) veröffentlicht wurde: Eine Gruppe gesunder, junger Männer wurde in einem Schlaflabor beobachtet. Jede Nacht durften Sie nur vier Stunden schlafen. Schon nach einer Woche brachte der Schlafentzug die Hormonregulation und den Stoffwechsel durcheinander. Vor allem das Hormon Insulin, welches normalerweise von der Bauchspeicheldrüse ausgeschüttet wird und uns vor Zuckerkrankheit bewahrt, konnte den Blutzuckerspiegel nicht mehr richtig regulieren. Innerhalb einer Woche hatte der Schlafentzug die Männer in einen Zustand gebracht, der sonst nur bei alten Menschen oder in einem frühen Stadium der Zuckerkrankheit auftritt. Auf Grund der Studiendaten vermutet van Cauter, dass durch chronischen Schlafmangel Alterskrankheiten wie Zuckerkrankheit, Übergewicht, hoher Blutdruck und Gedächtnisstörungen hervorgerufen oder verschlimmert werden können. Auch schlechte Laune, Konzentrationsstörungen und schlimmstenfalls Depressionen können Folgen des Schlafmangels sein. Für Ratten ist chronischer Schlafentzug sogar tödlich, denn schon nach kurzer Zeit führen die fehlenden Ruhephasen zu einem Zusammenbruch ihres Immunsystems.

Entspannt nach 7.20 Uhr

Musik in den Ohren aller Langschläfer ist auch die Entdeckung, die britische Forscher kürzlich machten: Wer später aufsteht, ist den ganzen Tag über gelassener und ausgeglichener. Wie das britische Magazin »New Scientist« in seiner Ausgabe vom 4.11.1999 berichtet, sind Frühaufsteher offensichtlich gestresster als Langschläfer. Forscher der Londoner Westminster-Universität konnten im Speichel von Personen, die spätestens um 7.20 Uhr aufstehen mussten, deutlich höhere Werte des Stresshormons Cortisol messen als bei Langschläfern, die erst später das Bett verließen. Es scheint auch nichts zu nutzen, früher zu Bett zu gehen. Die Gesamtdauer der Schlafzeit hatte – so die Erkenntnis der britischen Wissenschaftler, keinen Einfluss auf die Ausschüttung des Stresshormons.

Über gestresst oder entspannt entschied einzig und allein der Zeitpunkt des Aufstehens. Der Stress durch frühes Aufwachen hält nicht nur den gesamten Tag an, sondern kann sogar ernsthafte Folgen für die Gesundheit nach sich ziehen, heißt es in dem Bericht. Auf Dauer führt der chronische Stress zu Depressionen, die Abwehrkräfte werden geschwächt, und zudem leiden Frühaufsteher offensichtlich häufiger unter Infekten, Muskelschmerzen und schlechter Laune.

Was auf Erwachsene zutrifft, gilt umso mehr für Kinder und Jugendliche. Eine Forschergruppe um Epstein, Schlafwissenschaftler aus Israel, untersuchte über 800 israelische Schüler zwischen zehn und elf Jahren. Während die einen bereits um 7.15 Uhr aufstehen mussten, konnten die anderen bis 8.00 Uhr schlafen. Obwohl sich die

Aufstehzeiten nur um 45 Minuten unterschieden, litten die Frühaufsteher deutlich häufiger unter Tagesmüdigkeit und Konzentrationsschwierigkeiten. Immer mehr Schlafforscher plädieren deshalb für einen späteren Schulbeginn.

So reagiert der Organismus auf Schlaf und Erholung

- Der Blutdruck sinkt auf seinen Normalwert ab, der in der Regel unter 140/90 mmHg liegen sollte.
- Nach einer halbstündigen Ruhepause erreicht die Herzfrequenz den Ruhewert.
- Nach etwa zehn Minuten Entspannung nimmt der Sauerstoffverbrauch ab, die Atmung verlangsamt sich. Die Atemfrequenz sinkt von 40 Atemzügen im Stress auf zwölf im Schlaf ab.
- Im Schlaf werden weniger Stresshormone gebildet, das Verjüngungshormon Melatonin wird ausgeschüttet.

Im Schlaf jünger werden

Und hier ist noch ein Argument für alle »Schlafmützen«: Im Schlaf werden wir jünger. Hervorgerufen wird dieser Effekt durch das Schlafhormon Melatonin. Es bereitet unseren Organismus auf die Nachtruhe vor: Der Blutdruck sinkt, unser Herz schlägt langsamer, die Augen werden schwer. Doch das Hormon kann mehr als nur müde machen. In verschiedenen Untersuchungen konnte nachgewiesen werden, dass Melatonin verjüngend wirkt und das

Leben verlängern kann. Mischte man Mäusen das Hormon ins Futter oder ins Trinkwasser, lebten diese 20 bis 30 Prozent länger als Kontrolltiere, denen das Verjüngungshormon nicht verabreicht wurde. Pflanzte man alten Mäusen die Zirbeldrüsen, das sind Melatonin produzierende Drüsen, junger Tiere ein, überlebten die alten Nager ihre gleichaltrigen Artgenossen um bis zu 50 Prozent. Der genaue Wirkmechanismus des Schlafhormons ist bisher noch nicht exakt geklärt. Möglicherweise ist ein Effekt des Melatonin die Einsparung von Energie durch längeren und erholsameren Schlaf.

Schlaf beeinflusst Körpertemperatur und Stoffwechsel

Ein weiterer verjüngender Effekt des Schlafs ist eine Verlangsamung der Stoffwechselvorgänge durch ein Absinken der Körpertemperatur. Das Schlafhormon Melatonin, welches nachts unseren Organismus in einen tiefen, erholsamen Schlaf versetzt, führt auch zu einer Erniedrigung der Körpertemperatur während der Nacht.

Das wiederum bewirkt eine reduzierte Stoffwechselaktivität und einen geringeren Energieverbrauch. Vor allem bei jungen Menschen, die noch einen tieferen Schlaf haben, ist die Differenz zwischen der Körpertemperatur am Tag und während der Nacht besonders groß. Bei älteren Menschen, die meist schlechter und kürzer schlafen und oft nur noch geringe Mengen des Schlafhormons produzieren, sinkt die Körpertemperatur nachts deutlich weniger ab.

Produzieren Sie Ihre Verjüngungshormone selbst

Das Hormon Melatonin wird in der Zirbeldrüse (Epiphyse), einer kleinen Drüse im Gehirn, gebildet. Mit unserer Nahrung nehmen wir die Aminosäure Tryptophan auf. Tagsüber bildet unser Organismus daraus den Botenstoff Serotonin. Sobald es dunkel wird – die Zirbeldrüse ist über den Sehnerv mit der Außenwelt verbunden – wird Serotonin in das Schlafhormon Melatonin umgewandelt.
Das Schlafhormon Melatonin
- ist ein wirkungsvolles Antioxidans, d. h. es schützt Körperzellen vor Beschädigungen und Alterungsvorgängen,
- erhöht die Leistungsfähigkeit unserer Abwehrkräfte,
- senkt nachts die Körpertemperatur ab und führt so zu einem geringeren Energieverbrauch,
- verzögert Alterungsvorgänge.

So regen Sie die Melatoninproduktion an

1. Essen Sie nachmittags und abends bevorzugt Nahrungsmittel, die viel Tryptophan enthalten und so den Ausgangsstoff für die Melatoninproduktion liefern:
   - Sojabohnen
   - Erbsen
   - Bohnen
   - Meeresfrüchte
   - Lammfleisch
   - Eier
   - Bananen
   - Ananas
   - Geflügelfleisch (v. a. Truthahn)
   - Nudeln
   - Nüsse

2. Entspannen Sie sich!
Schon nach 30 Minuten Schlaf und Entspannung wird vermehrt Melatonin ausgeschüttet.

Der richtige Rahmen für einen erholsamen Schlaf

Mindestens jeder Zehnte leidet unter Schlafstörungen, einige Schätzungen gehen sogar davon aus, dass zumindest gelegentlich sogar jeder Dritte ruhelose Nächte hat. Häufig kann ein Schlaftraining und eine entsprechende Schlafhygiene das Problem lösen – denn richtig Schlafen kann man lernen und trainieren.

Der Schlaf macht selten, was man will

Der berühmte Wiener Psychiater Victor Frankl hatte eine außergewöhnliche Behandlungsmethode für Personen, die nicht schlafen konnten. Patienten, die von Frankl behandelt werden wollten, mussten telefonisch mit ihm eine Terminabsprache treffen. Bei Schlafgestörten ging Frankl regelmäßig folgendermaßen vor. Er teilte den Patienten am Telefon mit, dass er erst in frühestens einer Woche einen Behandlungstermin frei hätte. In der Zwischenzeit könnten die Betroffenen jedoch schon sehr viel zur Aufklärung des Schlafproblems beitragen. Die Therapie würde dann schneller ansprechen. Er gab den Patienten telefonisch den Auftrag, bis zum ersten Behandlungstermin ein Schlafprotokoll zu führen, in das sie die ganze Nacht lang jede Stunde eintragen sollten, ob sie geschlafen hätten oder nicht. Die Patienten waren von diesem Vorschlag begeistert und begannen bereits in der folgenden Nacht mit den Aufzeichnungen. Zur Überraschung der Patienten mussten sie aber Folgendes feststellen: Immer dann, wenn sie gerade nicht einschlafen wollten, um das Proto-

Der richtige Rahmen für einen erholsamen Schlaf

koll ordnungsgemäß anfertigen zu können, konnten sie nicht wach bleiben und schliefen die ganze Nacht durch. Zum Termin erschienen sie dann oft ganz bedrückt und teilten dem Psychiater mit, dass sie nach mehreren Jahren Schlaflosigkeit ausgerechnet in der Testwoche gut schlafen konnten.
Überlisten auch Sie Ihr Unterbewusstsein und nehmen Sie sich vor, in der nächsten Nacht besonders lange wach zu bleiben und nur ja nicht einzuschlafen. In den meisten Fällen klappt das nämlich nicht und Sie werden erstaunlich früh einschlummern.

Für die richtige Umgebung sorgen

Das Schlafzimmer sollte der ruhigste Platz im Haus sein, und möglichst abgewandt von der Straße liegen. Das Schlafzimmer sollte gut gelüftet, aber nicht zu kalt sein. Vor allem im Winter ist es – entgegen der weit verbreiteten Meinung – nicht ideal, mit offenem Fenster zu schlafen. Sinkt die Raumtemperatur zu weit ab, benötigt unser Körper viel Energie, um die Körpertemperatur aufrechtzuerhalten – und das stört den erholsamen Schlaf. Die ideale Schlaftemperatur sollte deshalb etwa 18 Grad Celsius betragen.
Nicht sparen sollten Sie bei der Ausstattung des Bettes. Gute, hochwertige Matratzen sind ein »Must« für den erholsamen Schlaf und Grundvoraussetzung beim Energiesparen. Ein zu kleines Bett und eine gemeinsame, nicht geteilte Matratze verhindert hingegen lange Tiefschlafphasen, denn jeder Schläfer bewegt sich mehr als 30-mal pro Nacht und kann damit den ruhigen Schlaf des Partners empfindlich stören.

Der 60-Sekunden-Schlaf

Im Schlaf erholt sich der Organismus und schöpft neue Kraft. Der Körper kann sich regenerieren, die Gedanken kommen zur Ruhe. Langfristig sind die meisten Menschen nur leistungsfähig, wenn sie durchschnittlich etwa acht Stunden und mehr pro Nacht schlafen, und diese Zeit sollten auch Sie Ihrem Körper regelmäßig gönnen.
Schnelle Energie tanken lässt sich aber auch mit einem einminütigen Schlaf. Auch wenn es zunächst unglaublich klingen mag, aber diese kurze schöpferische Pause bringt mehr als ein halbstündiger Mittagsschlaf. Während die meisten Menschen, die den Minutenschlaf beherrschen, danach erfrischt aufwachen, fühlen sich viele nach einem längeren Mittagsschlaf eher gerädert.
So geht's: Setzen Sie sich im Kutschersitz auf einen Stuhl, nehmen Sie Ihren Schlüsselbund in die Hand. Versuchen Sie abzuschalten. Wenn Sie etwas Übung haben und ziemlich müde sind, werden Sie in einen kurzen Sekundenschlaf fallen. Der Schlüsselbund ist Ihr Wecker, denn sobald Sie einnicken, löst sich die Muskelspannung, die Schlüssel fallen auf den Boden und verhindern, dass Sie richtig einschlafen. Während der Kurzschlaf nämlich für einen Energieschub sorgt, macht ein Nickerchen erst richtig müde.

Wie man isst, so schläft man

Wenn der Magen in der Nacht mit der abendlichen Schweinshaxe, der Riesenpizza oder dem Drei-Gänge-Menü kämpft, kann der Mensch nicht ruhig schlafen.
Ein leichtes Abendessen hingegen kann das Einschlafen durchaus fördern. Ideal sind abends Kohlenhydrate in

Der richtige Rahmen für einen erholsamen Schlaf

Form von Obst oder ein Stück Brot. Fette Nahrungsmittel wie frittierte Speisen, Wurst und große Fleischportionen sind schwer verdaulich und beschäftigen unser Verdauungssystem viele Stunden.

Kohlenhydrathaltige Nahrungsmittel wirken hingegen beruhigend und ausgleichend und fördern den Schlaf. Zu den kohlenhydrathaltigen Nahrungsmitteln zählen unter anderem Nudeln, Brot, Reis, Kartoffeln, Obst und auch Süßigkeiten.

Der Müdigkeit wirken vor allem eiweißreiche Nahrungsmittel entgegen. Hierzu zählen Fleisch, Wurst, Käse und Milchprodukte.

Zudem kommt es auch auf die Eiweißzusammensetzung der Speisen an. Nahrungsmittel, die den Eiweißbaustein Tyrosin enthalten, sind Schlafräuber, denn aus dem Eiweißstoff werden aktivierende, wachmachende Hormone (Dopamin, Norepinephrin) gebildet. Diese Nahrungsmittel sollten Sie deshalb bevorzugt tagsüber zu sich nehmen.

Abends benötigen Sie für einen guten Schlaf »tryptophanhaltige« Nahrungsmittel. Aus dem Eiweißbaustein Tryptophan wird das Schlafhormon Melatonin gebildet, welches uns gut und erholsam schlafen lässt.

Schlaffänger:
Abends – tryptophanhaltige Nahrungsmittel:
Geflügelfleisch (v. a. Truthahn)
- Süßigkeiten
- kohlenhydrathaltiges Obst und Trockenfrüchte (Bananen, Ananas, Datteln, Feigen)
- Nüsse
- Nudeln in allen Variationen

Schlafräuber:
Morgens und tagsüber – Tyrosinhaltige Nahrungsmittel:
- Vollkornbrot und Weizenflocken
- Fettarme Milch
- Käse
- Tofu (Sojaquark)
- Joghurt
- Mageres Fleisch, Fisch
- Eier
- Hülsenfrüchte

Schlaftrunk Alkohol?

Ein Gläschen Bier oder Wein wird abends gerne als Schlummertrunk genommen. Es ist zwar richtig, dass Alkohol müde macht und das Einschlafen fördert. Störend wirken sich hochprozentige Getränke aber auf den späteren Schlaf aus. Vor allem die Tiefschlafphasen werden durch Alkohol beeinträchtigt. Die Folge: Wir wachen trotz ausreichender Schlafzeit nicht frisch und ausgeschlafen auf.

Achtung »Weckmittel«!

Wer unter Schlafproblemen leidet, sollte zudem schon nachmittags auf Kaffee, Cola und schwarzen Tee verzichten. Die Inhaltsstoffe Koffein und Teein sind »Weckmittel«, die bei manchen Menschen noch Stunden später den Schlaf beeinträchtigen. Das Gleiche gilt für grünen Tee. Dieser hat ebenfalls eine aktivierende Wirkung und eignet sich nicht als Schlaftrunk. Vorsicht auch bei Schokolade. Sie enthält koffeinähnliche Stoffe, die anregend und belebend wirken. Chili, Peperoni und Co. sollten bei Schlafproblemen ebenfalls nicht mehr am Abend verzehrt werden. Der Wirkstoff »Capsaicin«, der für die Schärfe der Schoten sorgt, macht uns wach und aktiv, denn er bringt den Stoffwechsel in Schwung und erhöht den Blutdruck.

Vorsicht Fernsehen!

Spannende Filme oder aufregende Fußballspiele können zu körperlichen Stressreaktionen führen. Filme sind manchmal so aufregend wie das wahre Leben. Kurzfristig verwischen sich dann die Grenzen zwischen Realität und Fiktion und der eigentlich als Entspannung gedachte Film verursacht körperlichen Stress mit allen Symptomen wie Anstieg des Blutdrucks, Erhöhung der Herz- und Atemfrequenz, Schweißausbrüchen. Sogar Stresshormone werden vermehrt ausgeschüttet und machen uns bereit für einen Kampf mit dem fiktiven Gegner – aber wir bleiben regungslos im Fernsehsessel sitzen. Dennoch sind spannende Filme nicht immer schlecht. Sie fesseln unsere Aufmerksamkeit oft so stark, dass es zu einer Wahrnehmungslenkung weg von den alltäglichen Stressoren kommt. Die Gedanken werden abgelenkt, Alltagssorgen werden plötzlich klein.
Ob wir am Morgen nach dem Fernsehmarathon entspannt aufwachen oder uns völlig gerädert aus dem Bett quälen, hängt auch davon ab, wie wir das Gesehene verarbeiten und ob die Spannung, die der Film erzeugt hat, anschließend wieder gelöst werden kann. Ideal zum Stressabbau nach dem Abendprogramm ist deshalb ein Abendspaziergang.

In den Schlaf hineinspazieren

Auf dem Weg zur Arbeit sitzen wir im Auto oder im Zug, während des Arbeitstages sind die meisten von uns acht Stunden mehr oder weniger an ihren Stuhl »gefesselt«, zu Hause setzen wir uns erst gemütlich zum Abendessen und dann auf die Fernsehcouch – kein Wunder, dass viele in der Nacht kein Auge zutun.

Da wir uns den ganzen Tag kaum bewegen, haben wir bis zum Abend keine Möglichkeit, Stresshormone abzubauen und unseren Organismus wieder ins Lot zu bringen. Ein abendlicher Spaziergang ist deshalb ideal, um vor dem Zu-Bett-Gehen die Anspannung des Tages abzuschütteln.

Mäßig dosierte Bewegung verringert den Stresshormonspiegel und bewirkt eine verstärkte Ausschüttung des Glückshormons Endorphin – das beruhigt die Nerven und verbessert den Schlaf.

Wenn Sie regelmäßig ein entspannendes Bewegungsprogramm wie zum Beispiel die peripatetische Meditation (siehe Kapitel »Bewegung«) durchführen, reduzieren Sie dadurch auch dauerhaft den Stresslevel in aufregenden Situationen und sind zukünftig nicht mehr so schnell aus der Ruhe zu bringen. Anstrengende sportliche Betätigung hingegen ist nichts für die Abendstunden. Durch die Belastung wird der Kreislauf aktiviert und die Müdigkeit vertrieben.

Größere körperliche Belastungen sollten deshalb mindestens vier Stunden vor dem Zu-Bett-Gehen stattfinden.

Durch die richtige Musik zur Ruhe kommen

Wiegenlieder sind in fast allen Kulturen bekannt. Naturvölker versetzen sich durch monotone Rhythmen in Trancezustände, Kinder werden in den Schlaf gesungen und im Supermarkt sorgt Musik für eine entspannte Einkaufsatmosphäre. Dass Musik ein phantastisches Mittel zur Entspannung ist und das Einschlafen fördert, weiß man schon lange. Der russische Gesandte Graf Keyserlingk ließ sich zur Therapie seiner quälenden Schlafstörungen von Johann Sebastian Bach mehrere Stücke komponieren, und ein Musiker musste stets zur Stelle sein, um bei Bedarf die Kompositionen zu spielen.

Die Wirkung von Musik auf Psyche und Organismus ist eingehend untersucht worden. Vor allem regelmäßige Körperrhythmen wie Atmung, Herzschlag und Gehirnwellen passen sich der vorgegebenen Musikgeschwindigkeit an.

Doch auch das Hormonsystem, der Blutdruck und das Immunsystem lassen sich durch die richtigen Musikstücke positiv beeinflussen. Untersuchungen haben gezeigt, dass vor allem Musikstücke, deren Tempo etwas langsamer als der Herzschlag ist, beruhigend und schlaffördernd wirken. Vor allem durch Musikstücke in »Largo« lässt sich recht schnell eine messbare Entspannung erreichen.

Musikstücke, die zur Entspannung besonders geeignet sind und den Schlaf fördern:

Langschläfer haben mehr vom Leben

Johann Sebastian Bach:

1. Largo aus Konzert für Klavier und Streichorchester Nr. 5 in f-Moll nach BWV (Bachwerkverzeichnis) 1056
2. Largo aus dem Flötenkonzert in g-Moll nach BWV 1056
3. Aria zu den Goldberg-Variationen, BWV 988 (Cembalo)

Georg Friedrich Händel:

1. Alle langsamen Sätze aus concerti grossi op. 6, Nr. 1–12
2. Largo aus Konzert Nr. 3 in D-Dur (Feuerwerksmusik)

Antonio Vivaldi:

1. Largo aus »Winter« – Die vier Jahreszeiten
2. Largo aus Konzert in D-Dur für Gitarre, Streicher und Basso continuo

Frédéric Chopin:

1. Nocturnes

Franz Schubert:

1. Sinfonie Nr. 8 in h-Moll (»Die Unvollendete«)

Wolfgang Amadeus Mozart:

Eine kleine Nachtmusik

Das Wichtigste in Kürze

1. Tiefer und langer Schlaf sind wichtige Voraussetzungen für körperliche und geistige Fitness. Schlaf dient der Erholung. Der Organismus spart Lebensenergie. Tiere, die viel schlafen oder Winterschlaf halten, leben länger als Kurzschläfer.
2. Die meisten Deutschen schlafen etwa sieben Stunden in der Nacht. Das ist eindeutig zu wenig. Auch eine Dreiteilung des Tages in acht Stunden Arbeit, acht Stunden Freizeit und acht Stunden Schlaf reicht für die meisten Menschen nicht aus, um morgens ausgeschlafen aus den Federn zu krabbeln. Deutlich über acht Stunden sollten es schon sein.
3. Aber nicht nur die Schlafdauer ist für die Erholung von Bedeutung, sondern auch der richtige Zeitpunkt des Aufwachens. Wer regelmäßig vor 7.20 Uhr aufsteht, der hat während des gesamten Tages mehr Stresshormone im Körper als die Langschläfer. Durch Stresshormone werden Leistungsfähigkeit und Denkvermögen gestört.
4. Richtiges Schlafen kann man lernen. Allerdings setzt ein gesunder Schlaf geeignete Rahmenbedingungen voraus. Dazu gehören: Ein gelungenes Stressmanagement, wenn Sorgen die Ursache für Schlafstörungen sind. Die richtige Umgebung (Raum, Temperatur, Bett) sowie ein schlafunterstützendes Essverhalten (keine aufputschenden Nahrungsmittel und Getränke sowie keine schwer verdaulichen Nahrungsmittel zum Abendessen).

6. Kapitel

In diesem Kapitel erfahren Sie,

- weshalb Südeuropäer länger leben

- warum Sie durch kaltes Duschen Lebensenergie verschwenden

- wie Sie durch Wärme Energie sparen können

- weshalb Sie im Süden überwintern sollten

Lebenselixiere Sonne und Wärme

> »Wer die Heilkunst in der rechten Weise
> ausüben will, der muss Folgendes tun:
> Zunächst muss er die Jahreszeiten beachten,
> das heißt, was eine jede
> von ihnen zu bewirken vermag.«
>
> Hippokrates

Warum Wärme Energie spart

Wussten Sie, dass Italiener und Griechen im Durchschnitt länger leben als die Nordeuropäer? Bisher führte man das allein auf die mediterrane Ernährungsweise mit einem hohen Anteil an Obst und Gemüse, viel Olivenöl und reichlich Rotwein zurück. Sicherlich spielt die Ernährung eine wichtige Rolle. Doch es gibt wahrscheinlich noch einen weiteren, bisher wenig beachteten Vorteil, den die Südländer uns Nordeuropäern voraus haben: die Wärme und das Sonnenlicht. Unser Organismus hält, unabhängig von der Außentemperatur, die Temperatur im Körperinneren auf etwa 37 Grad Celsius. Sinken die Außentemperaturen ab, muss der Körper mehr »heizen«, um die Körpertemperatur konstant zu halten. Der Stoffwechsel läuft auf Hochtouren und das kostet natürlich zusätzliche Energie. Die vermehrte Wärmeproduktion verbraucht eine Extraportion Kalorien. Unbewusst stellen wir unser »Essverhalten« auf die jahreszeitlichen Bedürfnisse ein und nehmen im Winter mehr Kalorien zu uns, als in den warmen Som-

Lebenselixiere Sonne und Wärme

mermonaten. Instinktiv essen wir im Winter fetter und kohlenhydrathaltiger. Doch nicht nur die Wärme spielt eine wichtige Rolle. Auch das Sonnenlicht hat einen günstigen Einfluss auf unseren Organismus. Es beeinflusst unser Hormonsystem, wirkt sich positiv auf den Energiestoffwechsel und die Abwehrkräfte aus, reduziert den Appetit und kann den Blutdruck senken.

Vorsicht, der Mensch ist kein Kaltblüter

Vielleicht wundern Sie sich, dass wir Ihnen Wärme empfehlen, um Lebensenergie zu sparen. Möglicherweise haben Sie schon von der Theorie gehört, dass Kälte den Körper konserviert. Wahrscheinlich wissen Sie noch aus dem Chemieunterricht, dass zahlreiche biochemische Vorgänge bei Wärme schneller ablaufen und der Energieumsatz dadurch zunimmt. Folgerichtig müsste Kälte diese Vorgänge bremsen und dadurch Stoffwechselenergie einsparen. In Tierversuchen konnte das auch bestätigt werden. So werden Fische älter, wenn sie in kühlem Wasser leben. Fruchtfliegen leben länger, wenn sie in Räumen gehalten werden, deren Außentemperatur unter der ihrer normalen Umwelt liegt.

Doch diese Ergebnisse lassen sich nicht so leicht auf den Menschen übertragen, wie es gemeinhin oft getan wird. Übersehen wird dabei, dass der Fisch zu den so genannten »Kaltblütern« gehört. Diese können problemlos ihre Körperkerntemperatur der Umgebungstemperatur anpassen. Sinkt die Umgebungstemperatur, sinkt auch die Temperatur des Fisches, Stoffwechselvorgänge laufen dadurch langsamer ab, wodurch Energie eingespart wird.

Beim Menschen verhält es sich aber ganz anders. Der Mensch als »Warmblüter« ist darauf angewiesen, dass die Temperatur im Körperinneren (Körperkerntemperatur) weitgehend konstant auf 37 Grad Celsius gehalten wird. Im Gegensatz zum Fisch wendet der menschliche Organismus deshalb bei Kälte alle Energiereserven auf, um die »Innentemperatur« konstant zu halten – und das kostet natürlich eine ganze Menge Energie.

Im Winter befindet sich unser Hormonsystem im Stress

Im Winter arbeitet unser Hormonsystem anders als im Sommer. Für den Organismus ist in der kalten Jahreszeit vor allem die Aufrechterhaltung der Körpertemperatur wichtig. Besonders das sympathische Nervensystem, das ist das »anregende« Nervensystem, welches sich auch bei Stress einschaltet, wird bei Kälte aktiv. Um den Stoffwechsel anzuregen und dadurch mehr Wärme zu produzieren, schütten die Nebennierenrinden im Winter, aber auch unter der kalten Dusche vermehrt die Stress-, Kampf- und Fluchthormone Cortisol, Adrenalin und Norepinephrin aus. Diese Hormone stellen dem Körper zusätzliche Energiereserven bereit. Auch die Schilddrüse produziert bei Kälte vermehrt Schilddrüsenhormone, um den Ofen des Körpers anzuheizen und die Körpertemperatur aufrechtzuhalten. Durch die Stress- und Schilddrüsenhormone steigt der Grundumsatz, es werden mehr Kalorien verbrannt. Ein Spaziergang in der Kälte verbraucht pro Stunde etwa 50 Kalorien mehr als im Sommer. Das »Anheizen« kostet unseren Organismus zusätzliche Lebensenergie.

Blutdruck senken mit Wärme

Die amerikanische »Maryland Heart Association« entdeckte vor einigen Jahren eine Menschengruppe, bei der Bluthochdruck nur halb so häufig vorkommt, wie in der Durchschnittsbevölkerung – die FKK-Anhänger. Weitere Studien zeigten, dass bereits ein Sonnenbad den Blutdruck leicht senken kann. Dabei ist der Effekt bei Menschen mit Bluthochdruck besonders deutlich ausgeprägt. Im Versuch konnte hier eine mehr als doppelt so große Blutdrucksenkung erreicht werden, verglichen mit der Gruppe mit normalem Blutdruck. Die Wirkung hielt fast eine Woche an. Für die blutdrucksenkende Wirkung ist wahrscheinlich die milde Wärme der Sonne verantwortlich, die Gefäße weiten sich und der Druck in den Gefäßen nimmt ab.

Möglicherweise werden auch unter dem Einfluss des Sonnenlichts noch nicht näher bekannte blutdrucksenkende Stoffe im Körper produziert. Doch Vorsicht: Personen mit stark erhöhtem Blutdruck sollten zunächst nur die Wirkung milder Temperaturen nutzen. An sehr heißen Tagen stellen Sonnenbäder und hohe Temperaturen eine starke Kreislaufbelastung für diese Personengruppe dar.

Sonne sorgt für Wohlbefinden

Das Verhältnis zur Sonne ist bei vielen Menschen inzwischen zwiespältig. Auf der einen Seite lieben wir es, uns im Sommer im Freien aufzuhalten, genießen die Wärme, liegen gerne faul auf einer Liege und freuen uns über die gute Laune, die uns ein sonniger Tag beschert. Auf der anderen Seite wird die Angst vor der schädlichen Wirkung der Sonnenstrahlen zunehmend größer. Doch für Sonnenbäder gilt das Gleiche, wie für die meisten Dinge in unserem Leben: Es hängt oft von der Dosis ab, ob etwas nutzt oder schadet. In Maßen genossen überwiegen durchaus die positiven, gesundheitsförderlichen Seiten des Sonnenlichtes. So steigt in der Sonne der Serotoninspiegel an. Dieser Botenstoff sorgt für Ausgeglichenheit und Wohlgefühl. Stress-Symptome verschwinden. Zudem nimmt unter dem Einfluss des Serotonins der Heißhunger auf Süßigkeiten ab – das Einsparen von Kalorien fällt deshalb im Sommer leichter.

So sparen Sie Lebensenergie durch Wärme

Aus der Sicht der Energietheorie ist es durchaus sinnvoll, den Winter in warmen Gefilden zu verbringen. Die warme Temperatur verhindert, dass der Organismus auf winterlichen Hochtouren laufen muss. Zudem fällt es uns bei schönem warmen Wetter leichter, das Ernährungsprogramm mit reduzierter Kalorienzahl und einem hohen Anteil an Obst und Gemüse durchzuhalten. Der dritte Grund, warum ein Winterurlaub oder noch besser ein »Überwintern« in südlichen Gefilden das Leben verlängern und Gesundheit und Leistungsfähigkeit steigern kann, ist die bessere Laune. Im dunklen nord- und mitteleuropäischen Winter steigt die Zahl der Menschen, die unter Depressionen leiden, rasant an. Ist die Stimmung am Boden, schüttet der Körper vermehrt das schädliche

Lebenselixiere Sonne und Wärme

Stresshormon Cortisol aus, das uns, wie bereits erwähnt, schneller altern lässt, dem Gehirn schadet und auch die Abwehrkräfte schwächt.

Wer einen Ortswechsel in der kalten Jahreszeit nicht vornehmen kann, der sollte Büro- und Wohnräume besser heizen und dadurch den körpereigenen Energieumsatz senken. Schalten Sie die Heizung auf 22 Grad hoch oder ziehen Sie sich warm an, dann sparen Sie Lebensenergie.

Bei Frost sollten Sie zudem nicht bei offenem Fenster schlafen: Bei zu kalter Raumtemperatur läuft der Stoffwechsel auf Hochtouren, um einem Wärmeverlust entgegenzuwirken. Sinkt die Temperatur im Schlafzimmer unter 15 Grad, wird der Schlaf deshalb zunehmend unruhiger und weniger erholsam, denn der Körper muss ständig gegen die Kälte angeheizt werden. Oft dreht in einer kalten Nacht der Stoffwechsel so auf, dass wir trotz der Kälte unter der Decke ins Schwitzen kommen – ein Zeichen für die großen Energiemengen, die uns der vermeintlich gesunde Schlaf im Kühlen kostet. Neben dem erhöhten Kalorienverbrauch durch die Kälte fehlt dann zusätzlich auch noch die Energieersparnis durch erholsamen Schlaf.

Auch die viel gerühmte kalte Dusche am Morgen ist unserer Gesundheit nicht unbedingt zuträglich. Der Kältereiz ist wie ein Schock für den Körper. Zahlreiche Untersuchungen haben gezeigt, dass der Organismus darauf reagiert wie auf andere Stressereignisse: Die kalte Dusche führt zu einer massiven Ausschüttung des Stresshormons Cortisol (körpereigenes Kortison), der Energieverbrauch wird angeregt. Wer auch beim Duschen Energie sparen möchte, sollte deshalb lieber wärmere Temperaturen wählen.

So sparen Sie Energie durch Wärme

1. Fahren Sie im Winter in milde Klimazonen.
2. Wenn Sie sich im Winter in kalten Regionen aufhalten, sollten Sie die Wohnräume auf etwa 22 Grad Celsius anheizen.
3. Die Temperatur im Schlafzimmer sollte nicht unter 19 Grad Celsius sinken.
4. Schlafen Sie im Winter nicht bei offenem Fenster.
5. Duschen Sie nur warm.
6. Verringern Sie auch in allen anderen Lebensbereichen die Kältebelastungen.

Das Wichtigste in Kürze

1. Bei Kälte schüttet unser Organismus vermehrt Stresshormone aus, die den Stoffwechsel ankurbeln. Gleichzeitig benötigt der Körper zur Aufrechterhaltung einer konstanten Körpertemperatur mehr Energie.
2. Bei Wärme sinkt der Energieverbrauch, die Produktion von Stresshormonen nimmt ab. Der Körper schaltet auf sein Energiesparprogramm.
3. Bei milden Temperaturen sinkt ein erhöhter Blutdruck ab, das Herz-Kreislauf-System wird entlastet.

Anhang

Im Anhang erfahren Sie,

- wie Sie beim Laufen meditieren können

- welches Körpergewicht Sie anstreben sollten

- wie Sie Fettriesen von Fettzwergen unterscheiden können

- was Sie bei der Durchführung eines Entspannungstrainings beachten sollten

Anhang 1

Unsere Empfehlungen für die peripatetische Meditation und den Brisk-Walk

Trainieren Sie ...

1. *... regelmäßig:*
Ideal sind vier Trainingseinheiten à 30 Minuten pro Woche. So lassen sich Trainingseffekte auf Körper und Psyche erzeugen. Bei diesem mäßigen Training werden Sie bereits nach etwa vier Wochen merken, dass Sie auch im Alltag ruhiger sind und mit Stress besser fertig werden

2. *... mäßig:*
Leistungsorientiertes, ehrgeiziges Training und Erholung schließen einander aus. Belasten Sie sich deshalb nur so stark, dass der Puls 120 Schläge pro Minute nicht übersteigt. Ihr Tempo sollte nur so schnell sein, dass Sie noch genug Luft haben, um sich unterhalten zu können. Wählen Sie zu Beginn eine ganz ebene Laufstrecke, um nicht durch unterschiedliche Belastungsintensitäten bei der Meditation gestört zu werden.

3. *... entspannt:*
Vor der Arbeit schnell eine Runde drehen oder in der Mittagspause ins Fitness-Studio hetzen, ist zwar für manche Menschen lobenswert, hat aber mit Erholung durch Sport nichts zu tun. Unter Zeitdruck wird die körperliche Betätigung sehr schnell

selbst zu einem Stressfaktor. Planen Sie deshalb regelmäßig feste Termine und genügend Zeit für etwas Bewegung ein. Sollte Ihnen die Zeit zum Sport doch hin und wieder fehlen, lassen Sie lieber einmal den Termin ausfallen, anstatt sich abzuhetzen. Das sollte aber nicht zur Gewohnheit werden. Wenn Sie mehr als zweimal pro Monat einen Sporttermin ausfallen lassen müssen, sollten Sie Ihren Terminplan überprüfen.

4. ... *mit Lust und Laune:*
Die Bewegung sollte Ihnen Spaß bereiten, das erhöht den Erholungseffekt. Bei der peripatetischen Meditation kommt noch der meditative Effekt hinzu.

5. ... *richtig ausgerüstet:*
Sporteinsteiger benötigen zunächst keine teure Ausrüstung. Für die peripatetische Meditation sollten Sie vor allem auf gute Schuhe achten. Beim Training im Freien ist eine atmungsaktive Bekleidung wichtig, die den Schweiß nach außen abgibt und so Unterkühlung verhindert.

6. ... *gut versorgt:*
Körperliche Aktivitäten erhöhen den Bedarf an Vitaminen, Mineralstoffen und Spurenelementen. Achten Sie deshalb besonders auf eine ausgewogene Ernährung. Empfehlungen für die Vitalstoffergänzung finden Sie im Anhang.

Anhang 2

Richtgewicht für Erwachsene
(ab 25 Jahre, ohne Kleidung)

Frauen		Männer	
Größe in cm	Gewicht in kg von – bis	Größe in cm	Gewicht in kg von – bis
150	42,5 – 51,5	160	54,0 – 63,0
151	43,5 – 52,5	161	55,0 – 64,0
152	44,0 – 53,5	162	56,0 – 65,0
153	45,0 – 54,5	163	56,5 – 66,0
154	46,0 – 55,5	164	57,5 – 67,0
155	47,0 – 56,5	165	58,5 – 68,0
156	47,5 – 57,5	166	59,5 – 69,5
157	48,5 – 58,5	167	60,5 – 70,5
158	49,5 – 59,5	168	61,0 – 71,5
159	50,0 – 60,5	169	62,0 – 72,5
160	51,0 – 62,0	170	63,0 – 73,5
161	52,0 – 63,0	171	64,0 – 74,5
162	52,5 – 64,0	172	65,0 – 75,5
163	53,5 – 65,0	173	65,5 – 76,5
164	54,5 – 66,0	174	66,5 – 77,5
165	55,0 – 67,0	175	67,5 – 78,5
166	56,0 – 68,0	176	68,5 – 80,0

➤

Anhang 2

Frauen		Männer	
Größe in cm	Gewicht in kg von – bis	Größe in cm	Gewicht in kg von – bis
167	57,0 – 69,0	177	69,5 – 81,0
168	58,0 – 70,0	178	70,0 – 82,0
169	58,5 – 71,0	179	71,0 – 83,0
170	59,5 – 72,0	180	72,0 – 84,0
171	60,5 – 73,0	181	73,0 – 85,0
172	61,0 – 74,0	182	74,0 – 86,0
173	62,0 – 75,0	183	74,5 – 87,0
174	63,0 – 76,0	184	75,5 – 88,0
175	63,5 – 77,0	185	76,5 – 89,0
176	64,5 – 78,0	186	77,5 – 90,5
177	65,5 – 79,5	187	78,5 – 91,5
178	66,5 – 80,5	188	79,0 – 92,5
179	67,0 – 81,5	189	80,0 – 93,5
180	68,0 – 82,5	190	81,0 – 94,5
181	69,0 – 83,5	191	82,0 – 95,5
182	69,5 – 84,5	192	83,0 – 96,5
183	70,5 – 85,5	193	83,5 – 97,5
184	71,5 – 86,5	194	84,5 – 98,5
185	72,0 – 87,5	195	85,5 – 99,5

Quelle: Axt I. u. P.

Anhang 3

Buttermilchfasten nach Dr. Viertel

Dr. Viertel, Allgemeinarzt und Ernährungsmediziner in der Rhöngemeinde Hofbieber bei Fulda, hat 1992 eine neue Fastenvariante mit hohem Sättigungswert und erhöhter Vitaminzufuhr entwickelt. Es handelt sich dabei um eine kalorienreduzierte Ernährungsweise, welche die Eiweißversorgung sicherstellt und deshalb ohne gesundheitliche Gefahren mehrmals jährlich über eine Woche durchgeführt werden kann. Das Buttermilchfasten kann von jedem leicht auch zu Hause durchgeführt werden. Wem es leichter fällt, unter Gleichgesinnten zu fasten, der kann dies unter Anleitung von Dr. Viertel tun. Das Programm zur Fastenwanderung mit Buttermilchfasten und die Termine können Sie unter folgenden Adressen anfordern:

Tourist-Information
Schulweg 5
36145 Hofbieber
Tel: 0 66 57/9 87-31
Fax: 0 66 57/9 87-32

oder

Dr. Viertel
Fax: 0 66 57/6 00 09
e-mail: drviertel@netscape.de

Anhang 3

Wenn Sie das Programm zu Hause durchführen wollen, gehen Sie wie folgt vor:

Morgens: Einen halben Liter Buttermilch, eine Tasse Gemüsebrühe, Tee nach Belieben.

Mittags: Einen halben Liter Buttermilch, eine Portion Salat. Der Salat sollte mit Olivenöl angemacht werden, zusätzlich noch je einen Esslöffel Leinsamen und Haferkleie darüber streuen. Frische Kräuter dürfen Sie nach Belieben verwenden, aber gehen Sie mit Salz sparsam um. Tee können Sie wieder nach Belieben trinken.

Abends: Einen halben Liter Buttermilch, eine Tasse Gemüsebrühe, Tee nach Belieben.

Empfohlene Teesorten: Früchtetee, Hagebuttentee, grüner Tee oder Fencheltee.

Wir empfehlen Ihnen, die von uns im Kapitel »Ernährung« angeführten Vitamine, Mineralstoffe und Spurenelemente zu ergänzen.

Nach Beendigung der Fastenwoche sollten Sie ganz allmählich die Kalorienmenge wieder erhöhen.

Anhang 4

Fettriesen und Fettzwerge

Vor allem fetthaltige Nahrungsmittel liefern extrem viele Kalorien. Im Rahmen einer kalorienreduzierten Ernährung sollten Sie vor allem sehr fetthaltige Nahrungsmittel durch fettarme Produkte ersetzen.

Fettriesen	*Fettzwerge, die bessere Alternative*
Croissant, 25 g Fett	Vollkornbrötchen, <1 g Fett
1 TL Nuss-Nougat-Creme (20 g), 6 g Fett	1 TL Honig (20 g), 0 g Fett
1 TL Erdnusscreme (20 g), 10 g Fett	1 TL Marmelade, 0 g Fett
Eine Tasse Kakao (150 ml), 6 g Fett	Eine Tasse Tee (150 ml), 0 g Fett
Eine Tasse Milchkaffee (200 ml), 2 g Fett	Eine Tasse Kaffee, schwarz (150 ml), 0 g Fett
Eine Nussecke (150 g), 40 g Fett	Ein Stück Hefezopf (150 g), 4 g Fett
1 Kugel Sahneeis, 14 g Fett	1 Kugel Fruchteis, 1 g Fett
Ein Glas (200 ml) Kuhmilch 3,5 % Fett, 7 g Fett	200 ml Kuhmilch 0,3 % Fett, <1 g Fett *oder* 200 ml Buttermilch, 1 g Fett

➤

Anhang 4

Fettriesen	Fettzwerge, die bessere Alternative
Ein Joghurt (150g) 3,5 % Fett, 6 g Fett	Ein Joghurt (150 g) 0,3 % Fett, <1 g Fett
Schokoladenpudding (125 g), 4 g Fett	Götterspeise, 0 g Fett
1 Scheibe Käse (20 g), 45 % Fett i. Tr., 6 g Fett	1 Scheibe Käse (20 g), 20 % Fett i. Tr., 2 g Fett
Camembert (30 g), 60 % Fett i. Tr., 10 g Fett	Camembert (30 g), 30 % Fett i. Tr., 4 g Fett
Schmelzkäse (25 g), 60 % Fett i. Tr., 7 g Fett	Schmelzkäse (25 g), 10 % Fett i. Tr., 1 g Fett
100 g Speisequark 40 % Fett, 11 g Fett	100 g Speisequark mager, <1 g Fett
Kasseler Kotelett (150 g), 25 g Fett	Roastbeef (150 g), 6 g Fett *oder* Putenschnitzel (150 g), 2 g Fett
Eigelb, 6 g Fett	Eiweiß, <1 g Fett
Thunfisch (150 g), 23 g Fett	Tintenfisch, 1 g Fett
Lachs (150 g), 20 g Fett	Seelachs, 1 g Fett

Anhang 5

Nahrungstabellen

In den folgenden Tabellen finden Sie eine Liste mit Portionen, die jeweils 100 Kalorien enthalten.

Obst, Gemüse	Portionsgröße à 100 kcal	Obst, Gemüse	Portionsgröße à 100 kcal
Äpfel	ca. 200 g	Erdbeeren	ca. 300 g
Apfelsinen	ca. 200 g	Gurken	ca. 800 g
Ananas	ca. 200 g	Kirschen	ca. 180 g
Aubergine	ca. 500 g	Kiwi	ca. 200 g
Banane	ca. 120 g	Kopfsalat	ca. 1000 g
Birne	ca. 200 g	Mais	ca. 90 g
Blumenkohl	ca. 400 g	Möhren	ca. 400 g
Bohnen (grün)	ca. 300 g	Paprika	ca. 500 g
Broccoli	ca. 400 g	Spargel (gekocht)	ca. 1500 g
Chinakohl	ca. 1000 g	Tomaten	ca. 500 g
Endivien	ca. 800 g	Wassermelone	ca. 400 g
Erbsen	ca. 150 g	Zucchini	ca. 500 g

Milchprodukte, Käse	Portionsgröße à 100 kcal	Milchprodukte, Käse	Portionsgröße à 100 kcal
Buttermilch	ca. 300 ml	Edamer	ca. 25 g
Camembert 60 % Fett	ca. 25 g	Emmentaler	ca. 29 g
		Gouda	ca. 25 g
Camembert 30 % Fett	ca. 50 g	Joghurt 3,5 % Fett	ca. 180 g
		Joghurt 1,5 % Fett	ca. 200 g

Anhang 5

Milch-produkte, Käse	Portionsgröße à 100 kcal	Milch-produkte, Käse	Portionsgröße à 100 kcal
Joghurt (Magermilch)	ca. 300 g	Milch 1,5 % Fett	ca. 200 ml
Joghurt mit Früchten	ca. 100 g	Milch entrahmt	ca. 300 ml
Körniger Frischkäse	ca. 100 g	Speisequark 40 % Fett	ca. 75 g
Milch 3,5 % Fett	ca. 150 ml	Speisequark, mager	ca. 150 g

Fisch, Fleisch, Geflügel, Wild	Portionsgröße à 100 kcal	Fisch, Fleisch, Geflügel, Wild	Portionsgröße à 100 kcal
Aal	ca. 30 g	Kalb (Muskel)	ca. 100 g
Gans	ca. 25 g	Lachs	ca. 100 g
Garnelen	ca. 100 g	Makrele	ca. 100 g
Goldbarsch	ca. 100 g	Reh	ca. 100 g
Hase	ca. 90 g	Rind (Muskel)	ca. 100 g
Heilbutt	ca. 100 g	Schwein (Muskel)	ca. 100 g
Hering	ca. 50 g		
Huhn	ca. 100 g	Seelachs	ca. 120 g
Kabeljau	ca. 150 g	Truthahn	ca. 100 g

Vollkornprodukte, Beilagen	Portionsgröße à 100 kcal	Vollkornprodukte, Beilagen	Portionsgröße à 100 kcal
Brot	ca. 50 g	Kartoffeln	ca. 150 g
Corn-Flakes	ca. 30 g	Nudeln (ungekocht)	ca. 30 g
Haferflocken	ca. 30 g	Reis (ungekocht)	ca. 30 g

Anhang 6

Unsere Vitaminempfehlungen für besondere Situationen

Achtung: Wenn Sie sich für mehrere der unten aufgeführten Vitaminkombinationen entscheiden sollten, addieren Sie bitte NICHT die Mengen der einzelnen Vitamine, Mineralstoffe und Spurenelemente, sondern wählen Sie die jeweils höchste empfohlene Einzeldosis aus.

Schutz für die Zellen:

Vitamin C	500 mg
Vitamin E	400 IE
Vitamin A	5000 IE
Selen	50 µg
Zink	12 mg

Schutz vor Knochenschwund (Osteoporose):

Calcium	1000 mg
Vitamin D	300 IE

Schutz vor Arterienverkalkung (wichtig bei hohem Cholesterinspiegel, Zuckerkrankheit, Stress):

Vitamin C	500 mg
Betacarotin	20000 IE

➤

Anhang 6

Schutz vor Arterienverkalkung (wichtig bei hohem Cholesterinspiegel, Zuckerkrankheit, Stress):

Vitamin E	300 IE
Selen	50 µg
Vitamin B_3	60 mg
Vitamin B_6	10 mg
Vitamin B_{12}	10 µg
Folsäure	600 µg
Chrom	200 µg

Diabetes mellitus (erhöhter Blutzuckerspiegel):

Chrom	200 µg
Magnesium	400 mg
Zinkorotat	12 mg

Steigerung der Abwehrkräfte:

Vitamin C	500 mg
Vitamin E	600 IE
Vitamin A	5000 IE
Betacarotin	20000 IE
Selen	100 µg
Zinkorotat	15 mg
Chrom	200 µg

Anhang 7

Unser Entspannungsprogramm für alle, die sich etwas mehr Zeit nehmen möchten

Legen Sie sich bitte bequem mit dem Rücken auf die Couch, ins Bett oder auf den Boden. Lassen Sie Ihre Arme neben Ihrem Körper ruhen, versuchen Sie alle Muskeln gut zu entspannen. Schließen Sie die Augen.

(A) Konzentrieren Sie sich zunächst auf die Muskeln Ihrer Unterarme und achten Sie dabei auf die Spannung, die in diesen Armen ist. Nun stellen Sie sich vor, dass sich diese Muskeln nach und nach entspannen und immer lockerer werden. Sobald Ihre Muskeln vollkommen entspannt sind, das kann anfangs bis zu einer Minute dauern, wechseln Sie zur nächsten Muskelgruppe.

(B) Konzentrieren Sie sich nun auf die Muskeln der Oberarme. Achten Sie auch hier auf die Spannung, die in diesen Muskeln ist. Stellen Sie sich nun ebenfalls vor, dass sich diese Muskeln nach und nach entspannen und immer lockerer und gelöster werden. Sobald sich die Spannung in diesen Muskeln gelöst hat, vergleichen Sie die entspannten Oberarmmuskeln mit den bereits vorher entspannten Muskeln der Unterarme. Sobald sich die Entspannungszustände der beiden Muskelgruppen ähneln und Sie den Eindruck haben, dass alle Armmuskeln gut entspannt sind, wechseln Sie zur nächsten Muskelgruppe.

C Konzentrieren Sie sich nun auf die Gesichtsmuskeln. Auch hier werden Sie zunächst eine gewisse Spannung feststellen können. Stellen Sie sich nun vor, dass die Spannung vollkommen aus den Muskeln herausfließt und Ihre Gesichtsmuskeln weich und knetbar werden. Die Muskeln der Stirn, der Augen und des Mundes werden ganz locker und gelöst. Sobald die Gesichtsmuskeln gut entspannt sind, vergleichen Sie den Entspannungszustand der Gesichtsmuskeln mit dem Zustand der anderen, bereits vorher entspannten Muskeln. Wenn Sie dabei in den Gesichtsmuskeln noch eine leichte Verspannung feststellen, dann lösen Sie diese mit Hilfe Ihrer Vorstellung. Achten Sie darauf, dass die bereits entspannten Muskeln während der ganzen Übung entspannt bleiben. Wechseln Sie zur nächsten Muskelgruppe, sobald Ihre Gesichtsmuskeln gut entspannt sind.

D Konzentrieren Sie sich nun auf Ihre Nackenmuskeln. Entspannen Sie auch diese Muskelgruppe in der vorher schon beschriebenen Weise. Achten Sie auch hier auf Restspannungen, und vergleichen Sie den Entspannungszustand der Nackenmuskeln mit dem der anderen Muskeln. Wechseln Sie erst dann zur nächsten Muskelgruppe über, wenn Sie ganz sicher sind, dass alle bisher entspannten Muskeln weiterhin vollkommen entspannt sind.

E Konzentrieren Sie sich dann auf die Brust- und seitlichen Rückenmuskeln. Das sind sehr großflächige Muskeln. Deshalb sollten Sie zunächst die Spannungen in diesem Muskelbereich registrieren und anschließend mit Hilfe Ihrer Vorstellung nach und nach die einzelnen Muskeln lockern und entspannen. Am schnellsten erreichen Sie einen tiefen Entspannungszustand, wenn Sie sich zunächst auf die linke Brustseite konzentrieren, dann auf die rechte Brustseite, dann auf die linke und rechte Rückenpartie. Nehmen Sie sich ruhig Zeit für die Entspannung dieser Muskelgruppen und gehen Sie erst dann zu den nächsten Muskeln über, wenn Sie sicher sind, dass alle Muskeln im Brust- und Rückenbereich vollkommen entspannt und locker sind. Vergessen Sie in dieser Phase auch nicht, noch einmal den Zustand aller bisher entspannten Muskeln zu überprüfen und eventuell noch vorhandene Restspannungen zu lösen.

(F) Die nächste Muskelgruppe, auf die Sie sich konzentrieren müssen, sind die Bauchmuskeln. Auch hier werden Sie zunächst leichte Verspannungen vorfinden. Stellen Sie sich nun vor, dass sich diese Verspannungen nach und nach lösen und Ihre Bauchmuskeln weich und knetbar werden. Konzentrieren Sie sich auf die Restspannungen, und gehen Sie erst dann zur nächsten Muskelgruppe über, wenn Sie ganz sicher sind, dass alle Spannungen aus den Bauchmuskeln verschwunden sind. Stellen Sie vorher jedoch noch fest, ob alle bereits entspannten Muskeln weiterhin gut entspannt sind.

(G) Nun wenden Sie sich bitte den Beinmuskeln zu. Dies sind die letzten Muskeln, die Sie noch entspannen müssen. Da es sich hier um Muskeln mit unterschiedlichen Funktionen handelt, sollten Sie differenziert vorgehen und, wenigstens in der Lernphase, nicht versuchen, alle Muskeln auf einmal zu entspannen. Wenden Sie sich zunächst den Muskeln auf der Vorderseite der Oberschenkel zu und, sobald diese gut entspannt sind, konzentrieren Sie sich auf die Muskeln der Oberschenkelrückseite. Verfahren Sie dabei so wie bei der Entspannung der vorhergehenden Muskeln. Wechseln Sie dann zu den Muskeln der Unterschenkel. Konzentrieren Sie sich dabei zunächst auf die Muskeln der Waden und wenden sich dann den Schienbeinmuskeln zu. Lassen Sie sämtliche Spannungen aus den Beinmuskeln fließen, und überprüfen Sie anschließend noch einmal den Entspannungszustand aller Körpermuskeln. Wenn Sie noch in irgendeinem Muskel oder einer Muskelgruppe Restspannungen feststellen, versuchen Sie, diese auf bewährte Weise zu lösen.

Anhang 7

(H) Sie sind nun schon gut entspannt. Vertiefen Sie diesen Entspannungszustand, indem sie gleichmäßig ruhig ein- und ausatmen und sich bei jedem Atemzug vorstellen, dass Ihre Entspannung tiefer und tiefer wird. Bleiben Sie noch einige Minuten ruhig liegen und kehren Sie dann wieder in den Alltag zurück. Strecken und recken Sie Ihre Arme und Beine kräftig. Atmen Sie tief ein und aus. Öffnen Sie die Augen.

Literatur

Anemueller, H.: »Das Grunddiät-System«, Stuttgart 1987 (3. Auflage).
Axt, P., Axt, M.: »Bleib doch einfach jung«, München 2000 (4. Auflage).
Axt, P., Axt-Gadermann, M., Buntfuss, S., Mangelkramer, G.: »Die Stufen Diät«, München 1999.
Axt, P., Fuchs, H.: »Die Wandlungskraft des positiven Denkens«, Fulda 1994.
Bayer, W., Schmidt, K.: »Vitamine in Prävention und Therapie«, Stuttgart 1993.
Biesalski, H. K., Schrezenmeir, J., Weber, P., Weiß, H.: »Vitamine, Physiologie, Pathophysiologie, Therapie«, Stuttgart 1997.
Brusis, O., Furtmayr-Schuh, A.: »Gesundes Essen, gesundes Herz«, Stuttgart 1998.
Carper, J.: »Wundermedizin Nahrung«, Düsseldorf, Wien, New York, Moskau 1996.
Carper, J.: »Stop aging now!«, New York 1995.
Cheyney, K. E., Liu, R. K., Smith, G. S., Meredith, P. J., Mickey, M. R., Walford, R. L.: »The effect of dietary restriction of varying duration on survival, tumor patterns, immune function, and body temperature in B10C3F1 female mice«, J. Gerontol (1983) 38 (4): 420-430.
Cooper, K. H.: »Antioxidantien – die neuen Gesundmacher«, München, Wien, Zürich 1995.
Effros, R. B., Walford, R. L., Weindruch, R., Mitcheltree, C.: »Influence oft dietary restriction on immunity to influenza in aged mice«, J. Gerontol (1991) 46 (4): B 142-7.
Epstein, R., Chillag, N., Lavie, P.: »Starting Times of School: Effects on Daytime Functioning of Fifth-Grade Children in Israel«, Sleep 21 (3): 250–256, 1998.
Findeisen, D. G. R.: »Sport, Psyche und Immunsystem«, Berlin 1994.
Fixx, J. F.: »Das komplette Buch vom Laufen«, Frankfurt 1983.
Flegal, K. M., et al.: »The influence of Smoking Cessation on the Prevalence of Overweight in the United States«, New Engl. J. Med. 333 (1986) 533.
Furtmayr-Schuh, A.: »Die 30-Minuten-Bioküche. Gesund ernähren mit naturbelassenen Zutaten«, Stuttgart 1996.
Gniech, G.: »Essen und Psyche«, Berlin, Heidelberg, New York 1995.
Grasl-Kraupp, W., Bursch, B., Ruttkay-Nedeck, A., Wagner, B., Lauer, R., Schulte-Hermann: »Food restriction eliminates preneoplastic cells through apoptosis and antagonizes carcinogenesis in rat liver«, Proc. Natl. Acad. Sci. USA, 91: 9995–9999, 1994.
Hembd, C.: »Vitalstofftabelle«, München 1999.

Anhang

Hodel, L., Grob, P. J.: Abteilung f. klinische Immunologie, Universitätsspital Zürich, Schweizerische Medizinische Wochenschrift, 123. Jg., Nr. 49: 2323–2341, 1993.
Hofmann, I., Prinzinger, R.: »Das Geheimnis der Lebensenergie«, Frankfurt/Main 1997.
Holms, T. H., Rahe, R. H.: »The social readjustment rating scale«, Journal of Psychosomatic Research, 1967, 11, 213–218.
Holms, T. H., Masuda, M.: »Life change and illness susceptibility«, vorgestellt auf dem Symposium on Seperation and Depression: Clinical and Research Aspects, Chicago 1970.
Huber, J.: »Die Hormontherapie«, Genf, München 1990.
Huber, J.: »Hormone für die Schönheit«, Genf, München 1992.
Huber, J., Worm, A.: »Länger Leben, später altern«, Wien, München, Bern 1998.
Ingram, D. K., Weindruch, R., Spangler, E. L., Freeman, J. R., Walford, R. L.: »Dietary restriction benefits learning and motor performance of aged mice«, J Gerontol (1987) 42 (1): 78–81.
Jacoby, D. B.: »Physical Activity and Longevity of College A lumni (letter)«, New England Journal of Medicine 315 (6): 399, 1986.
Kasper, H.: »Ernährungsmedizin und Diätetik«, München, Jena 2000.
Liesen, H., Baum, M.: »Sport und Immunsystem«, Stuttgart 1997.
Liu, H.: »Qi-Gong-Wunder«, München 1997.
Lützner, H.: »Wie neugeboren durch Fasten«, Gräfe und Unzer.
Marées, H. de: »Sportphysiologie«, Köln 1987.
Meermann, H.: »Ältere Marathonläufer leben unter Stress«, in: MPG-Spiegel, 1/92.
Meermann, H.: »Gedächtnisstörungen bei älteren Marathonläufern«, in: MPG-Spiegel, 4/95.
Morris, J. N., Heady, J. A., Raffle, P. A., et al.: »Coronary Heart Disease an Physical Activity of Work«, Lancet 2: 1053–1057, 1953.
Nuber, U.: »Loslassen heißt: Intensiver leben«, Psychologie heute, 9: 20–23, 2000.
Paffenbarger, R. S., Wing, A. L., Hyde, R. T.: »Physical Activity as an Index of Heart Attack Risk in College Alumni«, American Journal of Epidemiology 108: 161–175, 1978.
Paffenbarger, R. S., Wing, A. L., Hyde, R. T.: »Physical Activity and Incidence of Cancer in diverse Populations: A preliminary report«, American Journal of Clinical Nurtrion 45: 312–317, 1987.
Paffenbarger, R. S., Wing, A. L., Hyde, R. T., Hsieh, C.: »Physical Activity, all-cause mortality, and longevity of college alumni«, New England Journal of Medicine 314: 605–613, 1986.
Pflugbeil, K., Niestroj, I.: »Vital plus, das große Programm der orthomolekularen Medizin«, München 1999.
Polednak, A. P.: »College athletics, body size and cancer mortality«, Cancer

Literatur

38: 382–387, 1976.
Prinzinger, R.: »Das Geheimnis des Alterns«, Frankfurt/Main 1996.
Robinson, K., u. a.: »Effektives Bodytraining für Männer«, Augsburg 1999.
Rossi, E. L.: »20 Minuten Pause«, Paderborn, 1997 (4. Auflage).
Roush, W.: »Worm longevity gene clones«, Science 277: 897–898, 1997.
Rubinstein, H.: »Lachen macht gesund, über die Heilkraft von Lachen und Fröhlichkeit«, Landsberg am Lech 1987.
Seidenfaden, U.: »Arteriosklerose durch Stress und Depressionen«, Die Welt, 29. 4. 2000.
Stamford, B. A., Shimer, P.: »Fitness without exercise«, New York 1990.
Swedo, S., Leonard, H.: »Alles nur psychisch?«, Frankfurt,New York 1998.
Walford, R. L.: »Leben über 100«, München 1983.
Walford, R. L., Spindler, S. R.: »The Response to caloric restriction in mammals shows features also common to hibernation: across-adaptation hypothesis«, J. Gerontology 52A:B pages 179–183, 1997.
Weber, C.: »Gute Nacht auf Rezept«, Focus, 49: 202–214, 2000.
Weindruch, R.: »Caloric restriction and aging«, Scientific American 274: 46–52, 1996.
Weindruch, R., Walford, R. L.: »The Retardation of Aging and Disease by Dietary Restriction«, Charles C. Thomas, Springfield 1988.
Wilson, P.: »Wege zur Ruhe«, Reinbek 1996.
Wilson, P.: »Das Buch der Ruhe«, München 1998.

Register

Abendessen 83, 94ff.,104, 127, 150, 154, 157
Abwehrkräfte 20, 59f., 77, 80ff., 114, 118f., 122, 126, 129, 135, 141, 144, 147, 162, 166
Adrenalin 35, 53, 107f., 113, 121, 138, 163
Alkohol 41, 73, 152
Alter, biologisches 18, 36, 37
Alterungsprozess 19ff., 45, 73ff., 76, 79, 81, 90, 98, 126, 128f., 147
Angst 112, 124, 134f., 165
Anspannung 35, 105, 107, 111, 135, 136
Arbeit 117, 154, 157, 171
Arterienverkalkung 41, 72, 75, 129, 181f.
Atmung 25, 110, 131f., 135, 145, 153, 155, 186

Belastung 39, 53, 59, 63f., 91, 107, 154
Beruf 29, 32f., 53, 60, 88, 91, 116, 127
Berührung, magische 132f.
Bewegung 32, 37, 50, 60ff., 68, 81, 98f., 101, 154, 172
Blut 41, 44, 54, 88, 101, 108f., 121
Blutdruck 37ff., 53, 63, 72, 80, 82, 99, 108ff., 122, 130, 138, 143, 145f., 153, 155, 162, 164, 167
Blutfettwerte 37, 40, 42, 44, 80
Blutzuckerspiegel 37f., 41ff., 53, 75, 77, 80, 82, 88
Breakfast-Cancelling 83, 94f.
Brisk-Walk 61f., 64, 68, 171
Buttermilchfasten 175

Cholesterin 21, 37, 40f., 44, 77, 181f.
Cortisol 38, 42ff., 53f., 108ff., 113, 119, 138, 163, 166

Dauerstress 43, 52ff., 108, 112, 119 121
Dehnungsübungen 64ff.
Diät 71, 78f., 81, 97
Dinner Cancelling 69, 83, 96

Ein-Minuten-Entspannung 130
Energie 22f., 29, 34f., 53, 72f., 78, 89, 95, 97, 102, 105, 107f., 115, 117, 126f., 131, 149f., 161ff.
Energiesparen 34ff., 39ff., 47, 49, 52, 117, 129, 141, 146, 167
Energieverbrauch 23, 26, 36, 45, 74, 80, 103, 110, 146f.
Entspannung 12, 37f., 42, 61, 63, 105, 109ff., 113, 118, 122, 129, 133, 147, 153, 155, 185
Entspannungsmethoden 98, 122, 129f., 138, 169, 183ff.
Erfolg, beruflich 11, 21, 122
Erkrankungen 76, 93, 98
Ernährung 43, 85f., 161
Ernährung, falsche 23, 41, 91
Ernährung, kalorienreduzierte 78, 87, 90
Essen 22, 69, 72f., 79, 93, 127, 157, 161
Eulenmenschen 95

Fasten 42, 69, 77ff., 91, 93ff., 104, 111, 175f.
Faulheit 22, 26, 45, 107, 110, 138
Ferien 105, 113f., 117, 124, 133

Register

Fett 85, 89f., 95, 100ff.
Fettriesen 85, 90, 169, 177f.
Fettzwerge 85, 90, 169, 177f.
Fitness 11, 21f., 31, 37f., 47, 50f., 60f., 112, 157, 171
Formel-1-Prinzip 15, 28, 29, 34
Freizeit 30, 117, 127, 157
Frühaufsteher 144f.
Frühstück 83, 94, 95, 104

Gedächtnis 43, 54, 143
Gehirn 18, 43, 99, 109, 112f., 141, 147, 155, 166
Gelassenheit 12, 17, 22, 30ff., 35, 38, 45, 105, 109f., 117f., 122f., 125, 138
Genussmittel 32, 36, 42, 45, 102
Gesundheit 11f., 17, 23, 31f., 36f., 38, 41, 45, 50f., 54f., 58, 60f., 67, 82, 105, 122, 165f.

Harnsäure 37, 41, 44, 101
Herz 19, 21, 25, 59, 108, 112, 120f., 145, 155
Herzinfarkt 30, 41, 43, 49f., 55f., 75f., 92, 109, 113, 126, 138
Herz-Kreislauf-Erkrankungen 60, 68, 80, 109
Hormone 19f., 25, 40, 42f., 54, 75, 93, 107, 135, 138f., 143, 146, 151, 155, 162f.
Hunger 86, 93f., 97, 99

Immunsystem 42f., 59f., 68, 94, 98, 105, 110, 114, 119, 128, 135, 143, 155
Infekte 43, 59, 80, 114, 119, 128, 144

Joggen 49, 51, 55
Jonglieren 130

Kaffee 30, 33, 102, 121, 152, 177
Kalorien 20, 35, 45, 50, 71ff., 81, 83ff., 87, 89f., 91f., 95f., 100ff., 108, 161, 163, 165f.
Kalorienreduktion 75ff., 80ff.
Kalorientabelle 71
Kälte 23, 32, 162, 166f.
Koffein 33, 102, 152
Kohlenhydrate 85f., 88f., 128, 150
Konzentrationsfähigkeit 112, 143
Körper 53f., 81, 99, 107, 110, 163, 165ff., 167, 171, 183
Körpergewicht 22, 25, 37ff., 44f., 71, 84f., 97, 100, 103, 120, 169
Körpergröße 25, 84
Körpertemperatur 78ff., 82, 146f., 161ff., 167
Krankheiten 23, 42, 51, 56, 58f., 82, 84, 98, 109, 115ff.
Krebserkrankungen 57ff., 68, 76, 82f., 138
Kreislauf 121, 134, 154
Kurzschläfer 157
Kurzzeitgedächtnis 20, 55, 68, 112

Lachen 122f.
Langlebigkeit 23f., 45
Langlebigkeitsmarker 15, 38
Langschläfer 141, 144, 157
Laufen 55, 63f., 122, 169, 171
Laufmeditation 63
Leben 13, 55, 61, 67, 71, 73f., 78f., 81, 96, 103, 111, 146
Lebensdauer 24, 28
Lebensenergie 12f., 17, 22, 25f., 30, 32, 35f., 45, 62, 69, 72f., 79, 81, 92, 98, 103, 107, 109ff., 118, 138, 141f., 157, 159, 162f., 165f.
Lebenserwartung 24f., 142
Leistungsfähigkeit 11, 28, 31, 37ff., 60, 68, 113, 120, 126, 157, 165
Leistungssportler 56, 58f.

Mahlzeiten 86, 89, 91ff., 96, 104, 127
Meditation, Peripatetische 61, 63, 68, 98, 118, 154, 171f.

Anhang

Migräne 119, 126
Mineralstoffe 78, 86f., 91, 104, 128f., 176, 181
Musik 155
Muskeln 19, 21, 60ff., 94, 101, 108, 119, 122f., 129, 135, 141, 144, 150, 183ff.
Müßiggang 45, 105, 107, 127

Nährstoffe 39, 85f., 104
Nahrung 71f., 87, 91, 97f., 104
Nahrungsergänzung 77, 91
Nahrungsmittel 40, 72f., 76f., 85ff., 90f., 147, 151, 157
Nervensystem 110, 128, 132, 134, 163
Noradrenalin 35, 53, 107f., 121, 138

Organe 21, 60, 68, 109, 121
Organismus 53f., 59, 72, 81f., 89, 93, 97ff., 101, 108f., 120, 122, 128, 132, 138, 141, 145ff., 150, 154f., 157, 161ff., 165ff.

Puls 53, 62f., 108, 110, 122, 171
PWC 130 (physical working capacity 130) 37ff.

Rauchen 33, 42, 81, 102f., 121
Richtgewicht 173
Ruhepuls 44, 108, 121

Sauerstoff 20, 39, 53, 122, 131, 145
Schlaf 13, 36, 63, 96, 117, 120f., 141f., 145ff., 152ff., 157, 166
Schlafmangel 23, 32, 42, 139, 143
Schlaganfall 41, 43, 56, 75f., 109, 126
Selen 76, 91f., 181f.
Serotonin 114f., 147, 165
Sonnenlicht 37f., 161f., 164
Sport 22, 17, 32f., 35, 37, 42, 49, 51ff., 55, 57, 61, 68, 81, 172
Sport, erfolgsorientierter 59, 67
Spurenelemente 76, 87, 91, 104, 128f., 176, 181
Stoffwechsel 23ff., 35, 45, 71, 76, 79 ff., 92, 101ff., 107, 138, 141, 143, 146, 153, 161f., 166f.
Stoffwechselaktivität 23, 45, 74, 98, 103, 146
Stoffwechseltheorie 13, 22, 61
Stress 23, 27, 30f., 35, 42f., 45, 53f., 61, 63, 91, 105, 107 ff., 112f., 118, 120, 122ff., 126f., 130f., 132, 134f., 138, 145, 153, 163, 165, 171f., 181f.
Stresshormone 35, 37f., 42, 44, 53f., 107f., 113, 121f., 131, 141, 144f., 153f., 157, 163, 166f.
Stresslevel 98, 115, 130, 154
Stress-Punktzahl 115, 117
Stress-Test 116

Termindruck 108, 111, 123, 125f., 172
Tiefschlafphasen 120, 149, 151
Trägheit 110f.
Training 56f., 59, 61f., 171f.
Training, autogenes 98

Übergewicht 30, 33, 72, 89, 143

Verdauung 72, 76, 99, 151
Verjüngungseffekt 75, 94
Visualisierungstechnik 135
Vitalität 11f., 17, 37
Vitalstoffe 85, 87f., 90ff., 128f.
Vitamine 43, 76ff., 87f., 91f., 104, 128f., 175f., 181f.

Wachstumshormone 93ff.
Wärme 79, 159, 161f., 164f., 167
Winterschlaf 45, 142, 157

Zellen 59f., 75f., 83, 88, 128f., 181
Zink 76, 91f., 129, 181
Zivilisationserkrankungen 72, 80, 138
Zoo 26, 45
Zuckerkrankheit 39, 42f., 72, 93, 143, 181f.